10,-
69

Jean-François Lyotard
Das Patchwork der Minderheiten
Für eine herrenlose Politik

Aus dem Französischen übersetzt
von Clemens-Carl Haerle

Merve Verlag Berlin

© 1977 by Merve Verlag GmbH, 1 Berlin 15, Postfach 327. Printed in Germany. Satz: Werner Fischer. Druck und Bindearbeiten: Dressler, Berlin. Umschlagentwurf: "Betrieb", Köln.
ISBN 3-920986-88-1

INHALT

7 Kleine Perspektivierung der
Dekadenz und einiger minoritärer
Gefechte, die hier zu führen sind

52 Ein Einsatz in den Kämpfen
der Frauen

73 Über die Stärke der Schwachen

93 Macht der Spuren
oder Ernst Blochs Beitrag zu
einer heidnischen Geschichte

114 Bibliographische Notiz

KLEINE PERSPEKTIVIERUNG DER DEKADENZ UND EINIGER MINORITÄRER GEFECHTE, DIE HIER ZU FÜHREN SIND

Die Kritik, die Minderheiten

Vorweg lieber gleich eine Art Warnung: man wird hier versuchen, den üblichen "Kritischen Standpunkt" zu vermeiden. Die Kritik ist eine wesentliche Dimension der Repräsentation: sie ist in der Ordnung des Theatralischen das, was sich "raushält", das Äußere, das man fortwährend in Beziehung zur Innerlichkeit setzt, das heißt die Peripherie im Verhältnis zum Zentrum. Zwischen den beiden besteht eine, wie man sagt, dialektische Beziehung; auch sie rettet die Autonomie der Kritik nicht.
Zweierlei ist möglich in diesem Verhältnis: entweder erobert die Peripherie das Zentrum (das erste Schicksal der Kritik: Umsturz und Machtergreifung); oder das Zentrum verortet die Peripherie und nützt sie für seine eigenen Zwecke, für seine innere Dynamik (ihr zweites Schicksal: in die Opposition gehen). In beiden Fällen also ein glorreicher Tod.
Es gibt Tode, die nicht glorreich sind. In Kürze: die Niederschlagung der Bauernaufstände in Deutschland, die mit dem Massaker von Frankenhausen im Mai 1525 begann; die Liquidierung der Donatisten (1) und Circumcellionen im römischen Nordafrika im IV. Jahrhundert; die blutige Vernichtung der Bagauden-Aufstände in Armorika durch mit den Römern verbündete Barbaren im V. Jahrhundert; die der Katharer durch "französische" Heere; die der Commune durch Versailles und das Reich⁺; die der katalanischen Kommunen und Ausschüsse.
+ im Original deutsch

durch die Truppen Francos und die politische Polizei der Kommunisten im Jahre 1937; die Niederschlagung des ungarischen Kommunismus 1956; die Liquidierung der tschechischen Bewegung 1968; die Massakrierung und Zwangsverschleppung der Indianer durch die Yankees im XIX. Jahrhundert usw. Ich habe nur einige wenige erwähnt und bestimmt nicht die "wichtigsten": aber wer vermag das zu entscheiden? In allen Fällen handelt es sich um Minderheiten, die im Namen des IMPERIUMS vernichtet wurden. Sie sind nicht unbedingt kritisch (die Indianer); sie sind viel "schlimmer": sie glauben nicht, sie glauben nicht, daß das GESETZ und die zentrale Macht miteinander identisch oder verwachsen sind, sie sagen ja zu einem anderen Raum, der aus einem patchwork von Gesetzen und Sitten (heutzutage sagt man Kulturen) ohne Zentrum besteht. In diesem Sinne sind sie polytheistisch, was sie auch immer über sich selbst gesagt und gedacht haben mögen: jeder Nation ihre Autoritäten, keine hat universellen Wert oder eine totalitäre Berufung.

Diese Kämpfe sind Kämpfe von Minderheiten, die Minderheiten bleiben und als solche anerkannt werden wollen. Aber nichts ist schwieriger: man macht neue Mächte aus ihnen, Widersacher SEINER MAJESTÄT - oder Leichenfelder. Man interpretiert sie, d.h. man schreibt sie in den imperialen Raum als Spannungen ein, die von der Peripherie ausgehen, in den imperialen Diskurs als dialektische Momente, in die imperiale Zeit als Vorzeichen des Weltuntergangs. Mit einem Schlag beraubt man sie so ihrer spezifischen Macht (puissance). Man verbietet ihre Gebräuche, ihre Mundarten, weil man ihre bejahende Kraft, die "Perspektive" (im Sinne von Nietzsche), die jeder einzelne dieser Kämpfe in einer Zeit, die nicht kumulativ ist, entwirft, zerstören will. (In dieser Hinsicht vollendet der Kapitalismus geradezu die imperiale Tradition.) Man muß also hierauf bestehen: die Kraft dieser Bewegungen kommt nicht daher, daß sie kritisch sind, daß sie sich in Beziehung auf ein Zentrum definieren. Sie treten nicht als Wendepunkte auf dem Weg auf, den das Reich und seine Idee gehen; sie ereignen sich.

Diese Bewegungen zeigen in starker Vergrößerung, was im täglichen Leben der "Kleinen" in kleinem oder gar mikroskopischem Maßstab fortwährend geschieht. Die minoritären Bejahungen geschehen unaufhörlich selbst dann, wenn sie kaum oder nicht wahrnehmbar sind. Sie sind raffiniert und zart, lange bevor sie sich öffentlich äußern oder in Szene setzen; milliardenmal haben Frauen am Herd um Kleinigkeiten gestritten - lange vor der Frauenbewegung; milliardenmal haben sie sich, oft unter tragischen Umständen, gegen versteckte Schmähungen und haßerfüllte Demütigungen gewehrt - vor den Kämpfen für die Freigabe der Abtreibung; tausende von witzigen Geschichten hat man sich in Prag erzählt, vor dem "Frühling"; Millionen von Gesten, Signalen, gekritzelten Botschaften (Graffiti), alle von der Öffentlichkeit verunglimpft, haben die Homosexuellen erfunden, um sich an halböffentlichen Orten treffen und erkennen zu können - lange vor der Homosexuellenbewegung; Milliarden von Finten und Kniffen von Arbeitern in den Werkhallen und in den Büros - lauter Unfeinheiten, die sich erst als Forderungen, über die man verhandeln kann, verkleiden müssen, bevor sie in den Diskurs der Gewerkschaften Einlaß finden können. Diese Wirklichkeit ist nicht wirklicher als die der Macht, der Institution, des Vertrags usw., sie ist ebenso wirklich; sie ist jedoch minoritär und deshalb zwangsläufig vielförmig und vielfältig, oder, wenn einem das lieber ist, immer einzeln, einzigartig und singulär. Sie ereignet sich nicht anderswo als die große Politik, sondern auf derselben Haut, aber auf andere Weise.

Es wäre ein leichtes zu zeigen, daß es auch in dem was folgt, wie in jeder minoritären Bewegung, einen kritischen Aspekt gibt, daß dieser Diskurs die Formen der Kritik wiederholt. Was sich aber dahinter verbirgt, ist eine affirmative Position. In der Kritik, so wie die marxistische Tradition sie begreift, wird das Negative privilegiert. Sie wird als aktive Macht verstanden, die die Massen wachrütteln, in Bewegung versetzen und zur historischen Tat treiben kann. Anders gesagt, sie besitzt, was man gemeinhin als eine wesentliche revolutionäre Tugend erachtet: eine pädagogische Wirkung. Das Negative in der Kritik ist der Motor der Überzeugung, es erzieht, indem es das Falsche zerstört. Aber gerade darin muß man den schlecht verhüllten Sokratismus erkennen. Eben damit brechen wir (obwohl die Idee des Bruchs in mancherlei Hinsicht naiv ist), mit einer Denktradition, die auf die Wirksamkeit des Negativen vertraut, die die Kraft der Überzeugung preist und das Bewußtsein erwecken will. Solange sich das theoretische und praktische Denken als Pädagogik begreift, wird es zwangsläufig die erwähnten Züge wiederholen. Sich auf die "Seite" der Affirmation stellen, setzt voraus, daß man Kategorien wie "Krankheit", "Abweichung", "Entartung", "Fäulnis" usw. aufgibt. Diese Kategorien sind Vorurteile und Stereotype; sie verweisen auf einen Begriff von Organismus, dessen Bestimmung die Vollkommenheit ist, der sich gegenwärtig jedoch im Zustand der Perversion, des Zerfalls und des Infantilismus befindet. Die Aufgabe der Politik kann

dann nur darin bestehen, die Vollkommenheit, die
sein Wesen ist, wiederherzustellen.

Die Dekadenz der Wahrheit verschärfen

Man muß über die Idee der Dekadenz nachdenken.
Indem man einen Gedanken aufgreift, den Nietzsche in
den Manuskripten zum "Willen zur Macht"notiert.
Es gibt in der Tat, sagt Nietzsche, eine Dekadenz
der Gesellschaften. Aber sie setzt sich nur zögernd
und schleppend durch. Sie verläuft nicht gradlinig,
noch folgt sie einem kontinuierlichen Rhythmus: sie
schiebt sich auf. Oder vielmehr, es gibt einen Aufschub der Dekadenz, der Teil von ihr ist. Einerseits
arbeitet sie - offensichtlich in Komplizenschaft mit
dem Nihilismus - an der Zerstörung der Werte, vor
allem des Werts der Wahrheit; andererseits arbeitet sie - gleichzeitig - an der Errichtung "neuer"Werte. Wir haben also einen pathetischen, panischen Nihilismus, für den nichts mehr gilt, und einen aktiven Nihilismus, der antwortet: es gilt nichts mehr? um so besser, nur
zu, nur weiter in dieser Richtung. Dies auf der Seite der
Zerstörung. Auf der anderen dagegen die Wiederkehr der
Gläubigkeit, der Rückstrom eines hartnäckigen Glaubens
an die Einheit, die Totalität und die Finalität eines Sinns.
Auf diese Weise lebt der Wert der Wahrheit - in veränderter Form, gewiß - in der Wissenschaft und der
Aufmerksamkeit, die man ihr schenkt, beharrlich
fort.
Nietzsche hat die Restauration des Glaubens im
Schein der Wissenschaftlichkeit klar gesehen. Man
glaubt an nichts mehr, und dennoch bleibt etwas -
die wissenschaftliche Askese. Sie ist die Schule des
Verdachts und des Mißtrauens, denn nichts ist ein
für alle mal erwiesen; aber dieses Mißtrauen, das
die wissenschaftliche Praxis von einem Ende zum

anderen durchzieht, enthält einen jedesmal erneut vollzogenen Akt des Vertrauens in den Wert der Arbeit, um wissen und herrschen zu können. Das Vertrauen maskiert sich als Geist der Kritik und hält Tätigkeit und Denken im Glauben daran, daß die Wahrheit das höchste aller Güter ist. Es ist zwar nicht die Wahrheit selbst, die sich enthüllt; aber nach wie vor hängt das Glück der Gesellschaften und der Individuen von einer besseren Erkenntnis der Wirklichkeit ab.

- Auf diese Weise dauert heute der Platonismus fort - als Vorurteil, es gäbe eine Wirklichkeit zu erkennen. Man mißtraut allem, aber nicht dem Mißtrauen selbst. Man muß vorsichtig sein, heißt es; aber wie, wenn vorsichtig zu sein besonders unvorsichtig wäre ?

Es gibt genügend Beispiele - vornehme und triviale - für diesen unerschütterlichen Glauben an die Wahrheit. Die Intellektuellen glauben unentwegt an die ökonomische, politische und Gesellschaftstheorie, von ihr erwarten sie die richtige Erkenntnis der Realitäten, sie meinen, daß ohne sie e c h t e und g e r e c h t e gesellschaftliche Veränderungen nicht stattfinden können. Die Aufrichtigsten unter ihnen schreiben dem Marxismus oder jenen Diskursen, die Teile seines Lexikons und seiner Syntax übernehmen, dies doppelte Privileg zu, par excellence die Sprache des Verdachts und über jeden Verdacht erhaben zu sein ("unausweichlich"). Ein schlichteres Beispiel: manche Wissenschaftler zögern nicht, die "Wissenschaft" als einzige raison d'être hinzustellen, die den Zusammenbruch der Werte überlebt - und melden dergestalt ihre Anwartschaft auf die Nachfolge des Klerus an. Ein ebenso triviales Beispiel: die Bedeutung, die die Medienkultur der wissenschaftlichen Arbeit zumißt, sei's in der Berichterstattung über ihre spektakulären Ergebnisse oder in Diskussionsrunden mit Forschern von "Weltruf". Obwohl diese ihrem Zweifel, ihren Bedenken, ihrer Skepsis gegenüber ihrer eigenen Tätigkeit öffentlich Ausdruck geben und also gerade dort den Niedergang des Werts der Wahrheit bestätigen, wo man glaubt, dieser gelte unverrückbar, ändert das so gut wie nichts: die Apparate der Massenmedien, einschließlich der Zuschauer, machen daraus Gebärden von Helden, die unerhörten Aufgaben gegenüberstehen. Der Heroismus des Willens zu einem Wissen, mit dem die Lebensqualität verbessert werden kann, bleibt ein unangefochtener Wert, der die gesamte Skala der Formen des Vertrauens (des Vertrauens in das Mißtrauen) durchzieht. Ein letztes Beispiel: die neue Gnosis, wie amerikanische Wissenschaftler dieses Projekt nennen (2): Astrophysiker und Biologen versuchen, eine Art Diskurs zu entwickeln, der aus den Paradoxa, zu denen die Resultate ihrer Forschungen führten, abgeleitet ist und letztere umfassen und begründen soll. Mit dem ihm eigentümlichen Humor zielt dieses Unterfangen offensichtlich darauf ab, Sicherheit spendende Werte wiederherzustellen - es sind dieselben, mit denen man seit Platon sich bemüht, den Nihilismus zu verdecken und zu unterdrücken.

Die Dekadenz besteht aus einer doppelten Bewegung, einem fortwährenden Zögern zwischen dem Nihilismus des Unglaubens und der Religion der Wahrheit. Sie ist kein Fäulnisprozeß (3) - ein eindeutiger Prozeß, der von einem biologischen Modell des Sozialen ausgeht -, aber auch kein dialektischer Prozeß mit nochsovielen marxistischen Subtilitäten. Nietzsche deutet eher eine Bewegung auf der Stelle an, die einerseits den Nihilismus hervortreten läßt, der bis dahin hinter den Werten verborgen war, und

zugleich diesen Nihilismus mit anderen Werten wieder zudeckt. Diesem doppelten Erfordernis scheint die Wissenschaft bestens zu entsprechen: alles muß geprüft werden, nur nicht die Pflicht zur Prüfung selbst - sie wird ganz einfach mit dem Denken verwechselt.
Der Aufschub entsteht aus dieser sich widerstreitenden Bewegung; die Dekadenz nimmt nicht die Form eines Zerfallsprozesses an. Im Grunde dauert sie seit dem Platonismus und hat seitdem nicht aufgehört. Und wie Nietzsche in der "Götzendämmerung" betont, sind Heilmittel, Therapien, Philosophie, Politik, Pädagogik ein integraler Bestandteil von ihr. Im selben Augenblick, in einer einzigen Perspektive wird "entschieden", daß die Menschheit krank ist und daß man sich an ihre Heilung machen will.

Hier zeichnet sich eine politische Linie ab: die Dekadenz verschlimmern, verstärken, beschleunigen. Die Perspektive eines aktiven Nihilismus übernehmen, nicht bei der bloßen Feststellung der Zerstörung der Werte stehen bleiben, sei sie depressiv oder bewundernd: Hand an ihre Zerstörung legen, immer weiter gehen im Unglauben, gegen die Restauration der Werte kämpfen. Laufen wir weit und schnell in diese Richtung, unternehmen wir was in Sachen Dekadenz, seien wir zum Beispiel bereit den Glauben an die Wahrheit in allen seinen Formen zu zerstören. Das ist keine Kleinigkeit für uns, die wir nicht nur Intellektuelle, sondern auch noch "Linke", d.h. Garanten der Wahrheit sein wollen. Zumindest wird von uns verlangt, daß wir den Glauben an den Wert der Position unseres eigenen Diskurses, des theoretischen Diskurses und seiner Funktion als wahrer Diskurs oder Diskurs, der auf Wahres aus ist, aufgeben.

Wissenschaft zwischen Macht und Findigkeit

Eine Anmerkung. Wer nicht unterlassen kann, dagegen einzuwenden: "all das sind nur Abstraktionen; in Wirklichkeit funktioniert die Wissenschaft, fortwährend erzielt sie die glänzendsten Ergebnisse" - den fordern wir auf, den Zustand der Wissenschaften einmal näher zu untersuchen.

Seit ungefähr zehn Jahren stellt man in wissenschaftlichen Kreisen, die unmittelbar betroffen sind, die Frage nach der Existenz der Wissenschaft: Was ist das eigentlich, was wir tun? (4) Eine Frage, die weit über jene vereinfachte Version hinausgeht, die man von den Apparaten der Massenmedien her kennt: Wozu nützt das? Welchen Gebrauch machen wir von unseren Entdeckungen? usw. Denn sie bedeutet im Grunde: Wie können wir wissen, ob das, was wir sagen, wahr ist? Die Wissenschaftler geben ganz arglos zu, daß das, was man Verifikation nennt, auf eine gewisse Art von Operationalität hinausläuft. Und in der Tat, die Wissenschaft erfindet Aussagen, die gewissen formalen Anforderungen genügen, man muß sie auf Versuchsanordnungen übertragen können, die Resultate der Experimente müssen feststellbar und nach Möglichkeit auch voraussagbar sein. Die Wirkungen, die durch ein Experiment herbeigeführt werden, erscheinen als Veränderung von einer oder mehreren Variablen, während die übrigen als feststehend vorausgesetzt werden; man kann sie beobachten und beschreiben. So verstanden ist "wissenschaftliche Forschung" nicht Wahrheitssuche, sondern Ermittlung von Effizienz, d. h. einer kontrollierten, voraussagbaren Operationalität. Die Wahrheit beruht darauf, daß mit den Aussagen zugleich erstens eine theoretische Einheit der Aussagenmenge

und **zweitens** eine Metaeinheit aus dieser theoretischen Einheit und der Datenmenge produziert wird.
Wenn man den Zustand der Wissenschaften allein
vom Gesichtspunkt der wissenschaftlichen Theorie
aus betrachtet (der ersten Einheit), dann entdeckt
man Aussagenblöcke, die oft unabhängig voneinander
und manchmal unverträglich sind; die einzige Bedingung ihrer Koexistenz ist nicht eine womöglich verborgene Einheit von der Art einer letzten Instanz,
sondern ganz einfach ein Operationalitätskriterium.
Die modernen Wissenschaften scheinen einen Raum
von Diskurs und Praxis zu entdecken, dessen Form
alles in allem nicht in den Begriffen von **Übereinstimmung** mit einem Objekt definiert wird, auch
nicht durch ein formales Kriterium, das die Vereinbarkeit oder Verträglichkeit von Aussagen regelt;
vielmehr hängt ihre - in **Wahrheit** beliebige -
Form von einem konstanten, minimalen Effizienzkriterium ab. Der politische und theoretische Diskurs
der Philosophen, Soziologen, Epistemologen und anderer **Doxographen**, zum Beispiel der nachalthusserianischen Marxisten oder der Spätstrukturalisten
ist weit von dem entfernt, was die Wissenschaftler
selber wissen und was sie hinsichtlich ihrer eigenen
Praxis gelernt haben. Und zwar deshalb, weil sie
an traditionellen Forderungen festhalten: am einheitlichen, zentralisierten Diskurs, der die Totalität
der Gegebenheiten des wissenschaftlichen Feldes in
sich aufnimmt (der "demokratische Zentralismus"
in Sachen Wissenschaft). Die Wissenschaft in ihrer
alltäglichen Existenz, als Tätigkeit von einigen Millionen **minoritären** "Forschern", hat damit nicht
das geringste zu tun.
Im Hinblick auf die Dekadenz der Idee der Wahrheit
ist es also verhängnisvoll, sich länger auf der gewohnten kritischen Ebene aufzuhalten, um von dort

aus die Wissenschaft im Dienst des Kapitals zu verurteilen. Man muß das Problem der immanenten Effizienz wissenschaftlicher Aussagen in der Form stellen, in der es heute in der wissenschaftlichen Praxis auftritt: als Voraussage durch exakte Kontrolle von Variablen.
Ein Beispiel drängt sich da von selbst auf, so offensichtlich ist in diesem Fall die politische Instrumentalisierung der Requisiten der skinnerschen Psychologie durch das ZENTRUM: die Behandlung der politischen Gefangenen in der Bundesrepublik, die unter dem Namen Rote Armee Fraktion (RAF) bekannt sind. Das Dossier, das man in Frankreich über ihre Haftbedingungen veröffentlicht hat (5), ist in dieser Hinsicht äußerst aufschlußreich. Man liest dort, daß die Kämpfer von der RAF unter anderem auch Experimenten mit der sogenannten "sensorischen Deprivation" unterzogen wurden. Die Individuen sind in einer Zelle untergebracht, die man einfarbig weiß angestrichen hat, in der sämtliche Geräusche neutralisiert werden (im Fachjargon nennt man das white noise: das Individium hört nichts mehr, nicht einmal die Geräusche seines Körpers, Atmung, Herzklopfen, Zähneknirschen usw.; man hört auch nicht, wenn es schreit). Mittelfristig führen diese Experimente zum Tod, wie im Fall von Holger Meins; kurzfristig kann, wie einer der Wissenschaftler, der für bedeutende Fortschritte auf diesem Gebiet verantwortlich ist, ein gewisser Professor Jan Gross formuliert, "dieser Aspekt (d.h. die Möglichkeit, jemanden durch Isolation zu beeinflußen) gewiß eine positive Rolle in der Pönologie (der Wissenschaft vom Strafen) spielen, insbesondere, wenn es darum geht, ein Individuum oder eine Gruppe zu resozialisieren und wenn der Einsatz einer solchen einseitigen Abhängigkeit und Manipulation wirksam den

Resozialierungsprozeß beeinflussen kann." (6)

Besonders enthüllend an den Erklärungen dieses Jan Gross ist, daß man aufgrund der Bedingungen der sensorischen Deprivation Versuchspersonen erhält, die sich in optimalen Experimentalbedingungen befinden, d.h. nichtkontrollierbare Faktoren, die auf das Individuum einwirken, werden im Verlauf des Experiments zu einer quantité negligeable. Die totale Isolation, wie sie an den Mitgliedern der Baader-Meinhof-Gruppe praktiziert wird, schafft die Möglichkeit, sämtliche für ein Experiment relevanten Daten zu beherrschen. Die Veränderungen, die man an den zu Versuchstieren umfunktionierten Individuen auslöst, werden ausschließlich durch Stimuli hervorgerufen, die die Experimentatoren verabreichen. (7)

Man hat es hier mit einer gewaltigen Vervollkommnung der Foltertechniken zu tun, die Abscheu, Haß, und Angst erregt. Und noch etwas: der alte Traum der Humanwissenschaften, ein total kontrollierbares Objekt zu konstituieren, verwirklicht sich; und da man es hier mit Menschen zu tun hat, will man Subjekte erhalten, deren Retorsionsfähigkeit*völlig neutralisiert ist, d.h. die Fähigkeit, die Informationen, mit denen sie bombardiert werden, aufzunehmen und
_____
*Retorsion: lexikalisch bezeichnet dieser Ausdruck in der Rhetorik die Taktik, ein Argument gegen seinen Benutzer zu kehren; im Strafrecht die Erwiderung von Beleidigungen und Körperverletzungen, die, wenn sie auf der Stelle erfolgt, vom Richter für straffrei erklärt werden kann; im Völkerrecht die Selbsthilfemaßnahme, mit der ein Staat einen Rechtsbruch oder einen "unfreundlichen Akt" eines anderen Staats durch nicht völkerrechtswidrige Maßnahmen - das unterscheidet die Retorsion von der Repressalie - erwidert. (Zusatz d. Ü.)

deren Wirkungen zu vereiteln. Hier stoßen wir wieder auf das Effizienzproblem: denn die Effizienz einer wissenschaftlichen Aussage definieren heißt nichts anderes als ein Resultat lesen und beschreiben können, dessen Variablen während seiner "Erzeugung" aktualisiert und ausnahmslos, ohne daß eine unkontrollierte Variable interveniert, vom Forscher beherrscht werden. Am Beispiel der Behandlung, die man der RAF-Gruppe angedeihen läßt, stellen wir fest, daß eine bestimmte Vorstellung von wissenschaftlicher Effizienz und eine bestimmte Idee von der Kontrolle des "Gegebenen", die weit über die Idee der Repression hinausgeht, im fortgeschrittenen liberalen Kapitalismus zusammenfallen. Die Körper gehören zu diesem "Gegebenen". Man braucht nicht das Waffenarsenal eines Hitler, das alles kann in einem demokratischen System bewerkstelligt werden.(8)

Die Wissenschaft kann aber nicht auf diesen zentralistischen und totalitären Aspekt - und in dieser Hinsicht fällt sie mit dem Diskurs des Wissens und dem dem Kapital immanenten Imperialismus zusammen - reduziert werden. Zunächst einmal gibt es die Mathematik, wo sich die Frage der Kontrolle von Variablen nicht stellt, wo es im Gegenteil seit jeher um die Erfindung neuer Begriffe geht, um die Frage, wie in Form angemessener Symbole die Hindernisse, auf die der Wunsch, mit Zahlen und Räumen zu operieren, stößt, selbst operationalisiert werden können: um die Erfindung von Zahlen und Räumen, die die natürliche Mathematik umwälzen. Sicher wäre es falsch zu sagen, daß diese höchst subtilen Formationen sich prinzipiell einem imperialen Gebrauch widersetzen; doch soviel steht fest: sie entsprechen der Dekadenz der zentralistischen, homogenen Raumauffassung - wie in der Topologie -

oder der Dekadenz der Auffassung von der Berechenbarkeit der Zahl - wie in der Zahlentheorie. Damit ist der Weg frei für Entdeckungen und Operationen, die weit über die Zwänge hinausgehen, die man einmal für göttlich, natürlich, wesentlich oder transzendental gehalten hat.

Außer dieser artistischen Mathematik und manchmal unter ihrem Anstoß entstehen eine nicht weniger artistische Physik und Logik, wo man die Forderung nach Einheit, Totalität und Finalität ganz einfach fallen läßt. In gewissen Bereichen der gegenwärtigen Wissenschaft ist das Undenkbare Anlaß des Denkens, von kohärenten Diskursen: Räume mit Umgebungen und Grenzen, die von Maßbestimmungen unabhängig sind(9); Antiteilchen; bizarre Logiken:mit Lesniewskis Logik etwa kann man den Satz beweisen:D e r S c h n i t t d e s B u c h e s i s t d a s B u c h. Es genügt nicht zu sagen, daß diese Erfindungen uns auf positive Weise den Eigentümlichkeiten des Unbewußten näherbringen, die Freud negativ beschrieben hat; sie müssen darüberhinaus unsere Phantasie von und unsere Praxis in nicht meßbaren, nicht durch berechenbare Zentren vermittelten, nicht homogenen Räumen anregen; und ebenso die Erfindung einer nichtaristotelischen Logik, wie van Vogt sagte.

Daß heißt nicht, daß sich die Wissenschaft dadurch selbst aufgibt; auch weiterhin wird sie der Regel der operationellen Fruchtbarkeit unterworfen bleiben: ein neues Symbol muß definiert werden, ein neuer Satz bewiesen, die Wirkungen eines neuen Gesetzes müssen unter reproduzierbaren Bedingungen beobachtbar sein. Aber der Einsatz muß immer wieder von neuem die produktive Einbildungskraft der Forscher anregen. Dann verändert sich der Sinn der Effizienzbedingung. Statt auf der Kontrolle von Variablen zu insistieren (wie etwa der Aggressivität), gehen von jener jetzt - in Form von formalen logischen Erfordernissen, Versuchsanordnungen oder Axiomatiken - Impulse für Entdeckungen und Erfindungen aus. Die Wissenschaft ist nicht der Diskurs des effizienten Wissens, das in seiner Übereinstimmung mit der "Wirklichkeit" die Bestätigung seines Werts zu finden vermeint; sie schafft Wirklichkeiten, ihr Wert beruht auf ihrer Macht, Perspektiven neu zu verteilen, und nicht auf ihrer Macht, Objekte zu beherrschen. In dieser Hinsicht ist sie mit den Künsten vergleichbar.

Auch in den Künsten gibt es fortwährend diese Verausgabung von Energie, um die Mittel zu bestimmen, mit denen die "Idee" des Künstlers verwirklicht werden kann; aber die Künstler haben sie seit jeher eher als Beweise für ihre Ingeniosität betrachtet denn als Garanten der Wahrheit; und vor allem in der modernen Kunst kommt es nicht darauf an, daß die Wirkungen der Werke mit einer "Idee" oder einer "Wirklichkeit" (der Seele, des Gefühls, des Menschen, der gesellschaftlichen Kämpfe) übereinstimmen; wichtig ist, daß der Gehalt der Werke neue Wirkungen auslöst.

Man kann sich über den Charakter dieses Neuen täuschen und es zum System der Neuheiten zählen, das von der Massenproduktion und -konsumtion geschaffen wurde, d.h. es auf die Geschäftemacherei mit den Neuerscheinungen und Neuentwicklungen reduzieren. Aber das Neue ist auch noch etwas ganz anderes und äußerst wichtiges; es sagt: es gibt keine Natur, keine Geschichte, keinen lieben Gott, es gibt keinen verbindlichen, gegebenen, offenbarten oder enthüllten Sinn, es gibt Energien (eine Redensart) in den Farben, den Klängen und den Sprachen, die nur ausnahmsweise invarianten Ordnungen folgen; es ist an uns, mit ihnen zu spielen, wie mit allen anderen

Materien, um Perspektiven und Beziehungen daraus
zu machen. In diesen Spielen geht es nicht darum,
die Wahrheit zu suchen, das Glück zu erlangen oder
seine Meisterschaft zu demonstrieren, sondern ganz
einfach um die Lust an Perspektivierungen, und sei's
auch nur in kleinem Maßstab. (Was hier geschrieben wird, ist auch eine solche kleine Perspektivierung.)
Auf diese Weise wird die Dekadenz der Wahrheit bis
in die Wissenschaft hinein getragen. Sie muß sich
entscheiden, welchen Platz sie der Effizienz und der
Kontrolle einräumen will: ob sie Anlaß zur Verstärkung von Rationalisierung und Totalitarismus sind,
oder Mittel, um ingeniöse Wirklichkeiten zu schaffen
und zu vermehren. Es bleibt zu hoffen, daß sich die
Wissenschaft selbst überlistet.

Dekadenz der Idee der Arbeit

Eine weitere Frage: was ist in der Dekadenz ? Die
Werte, sagt Nietzsche. Andere wiederum glauben,
vor allem angesichts der gegenwärtigen Arbeitslosigkeit, daß es der Kapitalismus ist, der in der Krise
ist, und daß Krise, ob kurz- oder langfristig, immer
eine **Funktionsunfähigkeit**, eine Blockierung in
einem Prozeß (auf diesen Begriff kommen wir gleich
zurück) bedeutet.
Aber zuvor noch eine Bemerkung: das Kapital kennt
nicht **eine** Krise, es selbst ist nicht in der Dekadenz, sein Funktionieren setzt vielmehr **die** Dekadenz oder, wenn man will, **die** Krise voraus und
zieht sie nach sich. Oder besser: die Krise ist eine
**Bedingung der Möglichkeiten seines
Funktionierens**.
Das Kapital ist Krise, weil es, wie Marx sagte, die
vorkapitalistischen Institutionen, Werte und Normen

zerstören muß, welche die "Produktion" und "Zirkulation" der Güter, Männer, Frauen, der geborenen und zu gebärenden Kinder, der Wörter... regeln. Es ist weiterhin Krise, weil es unablässig zur Zerstörung seiner eigenen Schöpfungen schreiten muß. Hier stößt man erneut auf diese Bewegung auf der Stelle, von der vorhin die Rede war. Gewissermaßen ein unaufhörliches Mahlen, eine Bewegung der Destruktion/Konstruktion. Die Krise ist permanent, ebenso wie das Kapital. Und wenn man es als Dekadenz bestimmen kann - unter Benutzung von Nietzsche -, dann deshalb, weil das Funktionieren des Kapitals in der Tat erfordert, daß es die familialen und gesellschaftlichen Institutionen, die menschlichen Gemeinschaften usw. in dem Maße, wie es sie errichtet, auch wieder auflöst.

Nietzsche beschreibt diese Situation nicht in den Begriffen des Kapitals. Er spricht von der Dekadenz der Werte, der Kultur, er schreibt sie keiner Instanz zu. Ich glaube, daß er damit "recht" hat: die Dekadenz ist eine Perspektive, oder das unentbehrliche Komplement einer Perspektive: der des "Platonismus". Die Dekadenz in den Begriffen des Kapitals darstellen, zeigt, daß der Kapitalismus eine neue, aber verschobene Schaltstation des Platonismus ist, ein Platonismus des gesellschaftlichen und ökonomischen Lebens. Dies heißt nicht, die Dedenz durch das Kapital erklären, sondern lediglich die Idee der "Perspektive" erweitern, das Dispositiv der "Moderne" relativieren und vor allem die Besserungsmoral zurückweisen: denn diese ist ein Bestandteil der Dekadenz.

Und nun zum Fall der Arbeit: Bei Marx wird der Wert der Arbeit, die Bedeutung, die man ihr in der Gesellschaft wie im Leben der Individuen einräumt, nicht in Frage gezogen: Ausbeutung und

Entfremdung, die die produktive Tätigkeit beeinträchtigen, müssen abgeschafft werden. Es ist aber wahrscheinlicher denn je, besonders in Westeuropa und Amerika, daß der Wert, den man der Arbeit zuschreibt, zurückgeht (10). In Frankreich hat man kürzlich durch eine Umfrage herausgefunden, daß 50 von 100 Jugendlichen, die alle Berufsgruppen repräsentieren, der Arbeit keinen weiteren Zweck zubilligen außer der Sicherung des Lebensunterhaltes. Man erblickt in ihr weder einen moralischen Wert ("es ist gut zu arbeiten") noch ein individuelles Ideal ("in der Arbeit kann ich mich verwirklichen"; ein wenig wie das Freudsche Ich-Ideal). Mit anderen Worten, die Idee der Arbeit hat einen Teil ihrer Motivationskraft verloren; diese war aber nicht nur ein wichtiges Element im Funktionieren der grossen kapitalistischen Maschine, sondern auch eine Triebkraft der sozialistischen Kritik, insofern sie als Vehikel für den Abscheu der Berufsaristokratien vor den industriellen Arbeitsbedingungen fungierte.

Dieses Phänomen ist interessant, weil es sich ganz offensichtlich in die Bewegung der Dekadenz einschreibt: das System zerstört einen Wert, der ihm zunächst ganz unentbehrlich erschien.
Aber auch hier darf man nicht in die Falle gehen, die der Politik der Linken die Gewohnheit stellt, in Begriffen von tendenziellen Prozessen zu denken, d.h. einer augustinischen oder hegelianischen Geschichte, die auf ein Ende zuläuft. Es wäre vergeblich, eine Politik zu bauen, die sich an einem solchen Geschichtsbegriff orientiert, eine Politik in der Perspektive des Zusammenbruchs des Werts der Arbeit bauen zu wollen. Die Dekadenz dieser Idee ist nicht einfach ihr Untergang, und sie führt keineswegs zu einer Katastrophe. Der Untergang wird

fortwährend aufgefangen, umgekehrt, neutralisiert, und das auf alle mögliche Weise. Zunächst in sozioökonomischer Hinsicht: der Teil des Gesamtkapitals, der in Arbeitskraft investiert wird, verringert sich zugunsten des Anteils, der in Produktionsmittel angelegt wird; tendenziell müßte es eine Produktion ohne Produzenten geben; auf jeden Fall würde die Krise der Arbeit so ihre Bedeutung verlieren. Aber diese Verschärfung der organischen Zusammensetzung des Kapitals ist selber verdächtig: man muß unterscheiden zwischen der Zahl der Lohnabhängigen und dem Lohnvolumen, man muß die indirekten Löhne, die in die Zirkulation des Kapitals eintreten, in die Rechnung miteinbeziehen; man muß die Arbeitsplatzmultiplikatoren jeder technischen oder technologischen "Verbesserung" berücksichtigen, ebenso die Einwanderung von Arbeitskraft aus der Dritten Welt usw. All das trägt dazu bei, daß eine gewisse Beschäftigungsrate beibehalten wird und deshalb die "Krise" der Idee der Arbeit aktuell bleibt. Entscheidend ist aber, daß der Kapitalismus **gar nicht darauf angewiesen ist, daß der Arbeit ein besonderer Wert zugeschrieben wird** (sowenig er darauf angewiesen ist, daß der Wahrheit in der Ordnung des wissenschaftlichen Diskurses ein besonderer Wert zukommt), es genügt, daß Arbeit vorhanden ist. Das ist sogar besser für ihn: denn wie Facharbeiter an den Gewohnheiten eines Berufs festzuhalten ist ein Irrtum, der die freie Zirkulation der Arbeitskraft behindert. Der Wert, den man der Arbeit zumaß, entsprach faktisch einem gewissen Dispositiv der Triebbesetzung der Arbeitsprodukte, des Werkzeugs und der Arbeitsweise, er macht inzwischen ganz anderen Besetzungen Platz. Es wäre verfrüht, diese in Begriffen der Libido bestimmen zu wollen; in Wirklichkeit muß es viele da-

25

von geben. Trotzdem ist es wichtig zu zeigen, daß
sich hinter dem Gattungsbegriff Lohnarbeit Veränderungen in der Verteilung der Affekte auf
die Tätigkeiten abspielen und weiter abspielen
werden. "Entfremdung" ist ein Begriff, der nicht
nur zur Pädagogik gehört, und das ist der Bereich
der Herren, sondern auch ein fader Begriff, der
nicht erlaubt, diese Veränderungen zu unterscheiden und ihnen zu folgen - der sie im Gegenteil verbirgt.

Diese terminologischen Probleme überlagern konkrete Einstellungen. Alle Diskurse und Aktionen, ob
gewerkschaftlich oder politisch, die sich damit begnügen, die Löhne (Ausbeutung) oder die Arbeitsbedingungen (Entfremdung) zu verurteilen, um sie zu
verbessern, weigern sich, diese Veränderungen der
libidinösen Besetzung, von denen wir sprechen, zur
Kenntnis zu nehmen und ihnen Folge zu leisten: insofern sind sie repressive Blockierungen. Gewerkschaftsfunktionäre und Politiker kanalisieren den
Reichtum der Dekadenz der Idee der Arbeit, so wie
er sich an Ort und Stelle zeigt, im Innern der Raum-Zeit der Herren. Man darf aber nicht sagen, daß
sie das aus eigenem Interesse tun und daß sie Arbeiterverräter sind; und ebensowenig, daß diese Dekadenz grundsätzlich nicht in Forderungen oder programmes communs* Eingang finden kann.

Wenn die Organisationen der Arbeiter, gelegentlich
in Komplizenschaft mit den Betroffenen, sogar die
libidinösen Verschiebungen in Sachen Arbeit kaputt
machen, dann deshalb, weil die Apparate Mandanten
repräsentieren, und ein Subjekt verkörpern, das sie
<u>angeblich</u> konstituieren sollen - in einem einheitli-

*programme commun (=gemeinsames Programm):
Titel der Plattform des Bündnisses von Kommunisten
und Sozialisten in Frankreich (A.d.Ü.)

chen Raum und einer einheitlichen Zeit, auf der sogenannten Bühne der Geschichte. Die Verschiebungen der libidinösen Besetzungen geschehen in Räumen und in Zeiten und folgen Logiken, die mit denen der Geschichtsphilosophie nichts zu tun haben, obgleich sie nirgendwo anders stattfinden. Eben dort geschehen sie, aber die Z e i c h e n , die sie geben (Arbeitskämpfe, Forderungen, Erklärungen, Demonstrationen) sind nicht die S p a n n u n g e n , die sie sind.
Falls man ein Bedürfnis nach Aufklärung über diese geheimnisvollen Spannungen und dieses Driften befriedigen wollte, könnte man dazu die gegenwärtige "Krise" zum Anlaß nehmen. Sie ist in Westeuropa mit einer Erhöhung der Energiekosten verbunden: man weiß, welche Verschlechterung der Kaufkraft das zur Folge haben muß, ohne auch nur von der Arbeitslosigkeit zu sprechen. In der Perspektive traditioneller Forderungen ist die Alternative einfach: entweder werden die Arbeiter von ihrer Verarmung erdrückt, und die Angst, auch noch das Wenige zu verlieren, was sie haben, macht ihre Kampfkraft zunichte; oder sie lassen sich in ihrer Verbitterung - "da sie nichts zu verlieren haben" - auf harte Kämpfe ein. Das sind die beiden Aussagen, die die Sprache der engagierten Linken zuläßt und antizipieren kann. Und in der Tat, was können die "Massen", wenn sie eine Sprache sprechen müssen, die von ihren Führern schnell in Gespräche mit Unternehmern und in Entscheidungen über Aktionen übersetzt werden kann, anderes sagen außer j a , w i r m a c h e n m i t / n e i n , w i r m a c h e n n i c h t m i t ?

Es hat nun aber den Anschein, daß nichts dergleichen geschieht zum Zeitpunkt, wo diese Zeilen geschrieben werden: weder die große Angst, noch die große Revolte. Nicht , daß nichts passierte, aber das, was passiert, kann sich gegenwärtig nicht in dieser Sprache ausdrücken. Das trifft nicht nur für die sichtbaren Bewegungen zu, deren vielfältige Aspekte schwer zu beschreiben sind, wenn man nicht an Ort und Stelle ist; wahrscheinlich gilt das auch für Situationen und Tatsachen, die man für nebensächlich hält und die es in der Tat auch sind, wenn man der traditionellen Sprache der Linken folgt, wo sich aber raum-zeitliche Dimensionen und Logiken einer "Erfahrung" abzeichnen, die diese Sprache verkennt.

Die **Schwarzarbeit** oder **Arbeit im Schwarzen*** wäre eine dieser bemerkenswerten Verschiebungen, um im Bereich der Arbeit zu bleiben. Man kann annehmen, daß sie in der gegenwärtigen Krise in doppelter Hinsicht bedeutungsvoll ist, **erstens** ermöglicht sie wahrscheinlich vielen Lohnabhängigen und Arbeitslosen, illegal ihre Kaufkraft zu erhalten; und **zweitens** verdient ihre einzigartige epistemologische Struktur Aufmerksamkeit: sie entzieht sich grundsätzlich der ökonomischen und soziologischen Erfassung, was nicht nur zu Folge hat, daß man ihr Ausmaß nicht beurteilen kann und der totalitäre Wunsch "klar zu sehen" hier auf eine hermetische Undurchsichtigkeit stößt; wenn man davon ausgeht, daß ihr Umfang beträchtlich ist, muß man auch zugeben, daß viele Güter und Dienstleistungen getauscht werden, ohne die Kontrollen der Herren zu passieren, seien es Unternehmer, örtliche oder Bundesbehörden oder gewerkschaftliche Instanzen. Da es sich um Arbeiten wie Reparaturen, Instandhal-

---

***travail au noir**: Wortspiel, das nicht wiedergegeben werden kann und soviel bedeutet wie: Arbeit, wenn man schwarz sieht, oder: Arbeit eines Schwarzen, d.h. schlechte, schwere Arbeit (A.d.Ü.)

tung oder Anfertigung auf Bestellung handelt, ist anzunehmen, daß hier nicht die Bedingungen industrieller Serienarbeit herrschen und somit auch andere libidinöse Besetzungen. Ebenso verdienten die besonderen Umstände dieser Art von Arbeit eine sorgfältige Beschreibung: die Kontrollen durch den Arbeitgeber, die Gewerkschaften und Behörden sind kurzgeschlossen, der Kunde oft bekannt, man spricht sich mit ihm persönlich ab usw. Jedoch sollte man sich hüten, aus diesen Unterschieden eine Utopie der guten oder der wahren Arbeit abzuleiten - der Arbeit in der Klandestinität.

Es existiert also im Innern des Körpers des Kapitals eine andere Form des sozio-ökonomischen Lebens, ein anderes, nicht-zentriertes "Reich", das aus einer Vielheit einzelner oder anarchischer Tauschakte besteht und die "Rationalität" der Produktion nicht kennt. Man kann nicht sagen, daß diese Lebensform eine Infragestellung, eine Kritik des Kapitalismus ist (es ist nicht einmal sicher, ob sie mit der Dekadenz der Idee der Arbeit zu tun hat). Trotzdem offenbart sie das Paradox, daß selbst in einer Gesellschaft, die hauptsächlich um Produktion und Konsumtion zentriert ist, **arbeiten eine minoritäre Tätigkeit werden kann**, insofern sie, ohne Beziehung zum ZENTRUM ist, von ihm weder veranlaßt noch kontrolliert wird.

Diese Unabhängigkeit reicht weit: die Schwarzarbeit ist gewissermaßen eine List gegen den Fall des Lebensstandards, ein Trick, der zu alledem keinerlei Ressentiment impliziert; man durchlebt die "Krise", ohne niedergeschlagen zu sein oder sich zu empören, ohne dem Gerede von der Katastrophe Glauben zu schenken. Zweifellos kommen diese Phänomene in Italien am deutlichsten zum Vorschein, vor allem im Alltagsleben, im "**kleinen Leben**": immer

wieder sieht man sich in Situationen versetzt, die
keineswegs ausschließlich angenehm oder unangenehm
sind; die alle aus Initiativen bestehen, die von der
Macht der Zentrale unabhängig sind, ja sie nicht einmal
zur Kenntnis nehmen. Eine Art von "bürgerlicher
Gesellschaft", die mit der hegelschen wenig zu tun
hat, lässig und aktiv zugleich ist, und fortwährend
die Herren austrickst.

Die Lüge als Perspektive

Im folgenden eine weitere, weniger soziologische
Überlegung zur "Krise". Die Idee der Krise, sagten wir, schreibt den Gegenstand in eine dialektische Perspektive ein. Diese entwirft das Bild von
einer einheitlichen Geschichte, von einer
Art Körper, der in einer homogenen Zeitlichkeit
schwimmt, wo er schließlich an die Grenze seiner
Organisation stößt, die Bedingungen seiner Möglichkeit überschreitet und sich in etwas anderes
auflöst. Besonders im "Kapital" gibt Marx zu verstehen, daß die Krise das widersprüchliche, dem
Kapital immanente Moment ist, der Punkt, der zu
seinem Ende führt. Das läuft darauf hinaus, den
sellschaftlichen Körper in einer negativen Zeitlichkeit zu situieren, in einer Zeit,
die der Begriff selbst ist in seiner Widersprüchlichkeit. Dazu folgende Frage: wer legt die Wahl
der Zeitlichkeit fest? Kann eine Praxis auch in
eine andere Zeitlichkeit fallen als in die des Begriffs?

Nietzsche zufolge bringt die Dekadenz drei Kategorien ins Spiel: die Wahrheit, die Einheit und die
Finalität. Dekadenz der Wahrheit = Dekadenz einer
gewissen Logik, einer gewissen Rationalität; Dekadenz der Einheit = Dekadenz eines einheitlichen

Raumes, eines soziokulturellen Raumes, der mit einem zentralistischen Diskurs ausgestattet ist; Dekadenz der Finalität = Dekadenz einer eschatologischen, auf ein Ziel und einen Zweck gerichteten Zeitlichkeit.

Wenn man diese vielfältigen Aspekte in die Begriffe des Kapitals überträgt, stellt man fest, daß sie durchweg logische, topische und zeitliche Operatoren sichtbar werden lassen, die neue 'politische' Praktiken definieren.

Noch ein Wort zur Dekadenz der Wahrheit. Das Kapital ist jener Pseudo-Organismus, der nicht in der Lage ist, einen Diskurs zu formulieren, der seine eigene Wahrheit begründet. Es verfügt über keine Religion und keine Metaphysik, die seine Existenz erklären und rechtfertigen könnten. Nirgendwo ein "Deshalb bin ich hier", "Deshalb bin ich oder habe ich die Macht". Unsere Gesellschaft hat nicht nur keine Begründung, sie lehnt die Idee einer Begründung, einer höchsten Autorität im Innersten ab. Stattdessen übernimmt das Kapital die Initiative - in gewisser Hinsicht eine geniale Perspektive, weil die Sinnfrage dadurch vollständig umgekehrt wird: den Sinn zu begründen, d.h. ihn von anderswoher zu empfangen, darüber kann ich nur lachen, sagt das Kapital; ich schlage Axiomatiken*vor, d.h. Entscheidungen darüber, was Sinn haben soll, ich schlage vor, den Sinn zu wählen. Die Kohärenz des Systems beruht auf Meta-Aussagen, die man in einer Axiomatik zusammenfassen können muß: mit ihr

―――――――
*Zum Begriff der Axiomatik vgl. Deleuze/Guattari, "Anti-Ödipus", Frankfurt 1974, wo er die Funktionsweise der kapitalistischen Maschine, des nie saturierten Immanenzfeldes der decodierten Ströme bezeichnet:"... eine Axiomatik abstrakter Quantitäten, die die Deterritorialisierung des Sozius immer weiter (Forts.S.32)

müssen alle einverstanden sein, andernfalls liegt
ein Verstoß gegen die "Rationalität" vor. Das ist
der "Geist" der gesamten modernen Logik und
der analytischen Philosophie. Und was macht Piero Sraffa* anderes als die Axiomatik des Kapitalismus in self-replacing state zu schreiben ?

Hier zeichnet sich ein Weg ab - nicht der der theoretischen, epistemologischen oder philosophischen Kritik -, wo eine neuartige pseudotheoretische und
pseudopolitische Perspektive einsetzen kann. Denn
diesem Formalismus, der zu ökonomischen und anderen Axiomatiken führt, liegt eine ganz bestimmte
Wahrheitsposition zugrunde. Natürlich nicht die einer Metaphysik oder der Theologie einer Offenbarungsreligion; dennoch muß eine vorhanden sein,
denn sonst, so scheint es, ist es nicht möglich, eine Aussage mit einem bestimmten Wahrheitswert zu
versehen. Die Aussagen, die die Wahrheit oder
Falschheit einer Aussagenmenge behaupten, dürfen
nicht Teil der Klasse dieser letzteren sein. Anders
ausgedrückt: der Diskurs, der über die Wahrheit
entscheidet, darf nicht in jenen (mathematischen,
aber auch ökonomischen, politischen etc.) Diskursen
einbegriffen sein, deren Wahrheitsbedingungen oder
Axiome er festlegt.

Ganz konkret heißt das: die Aussage des Bäckers:
dieses französische Weißbrot kostet soundsoviel Centimes, oder des Arbeitgebers:

(Forts. von S.31)vorantreibt, endlich einer Decodierungswelle, an der sich der Sozius zugunsten eines organlosen Körpers auflöst, womit die Wunschströme in ein
deterritorialisiertes Feld, das des organlosen Körpers,
befreit sind."(a.a.O.,S.44) (Zusatz d. Übersetzers)

* vgl. Piero Sraffa, "Warenproduktion mittels Waren",
Frankfurt 1976 (edition suhrkamp 780) (A.d.Ü.)

deine eine Arbeitsstunde, Junggeselle, Lohnarbeiter der Region Parisienne, kostet soundsoviel Francs-, diese Aussagen (erster Ordnung) dürfen nicht zur selben Klasse gehören wie jene Aussage (zweiter Ordnung): d i e s e Werte sind richtig. Wer spricht dieses Urteil aus? Die Instanz einer Macht, Regierung, Parlament, Sachverständige, ihrerseits Ausdruck eines Souveräns, des "Gesetzgebers", der beispielsweise das "Volk" sein soll. Wenn man zunächst einmal das Repräsentationsproblem zurückstellt, woran erkennt man dann die Instanz in Sachen Wahrheitswert? An nichts anderem als der einfachen Eigenschaft dieser Aussagen, den Wert anderer Aussagen (wahr/falsch, gut/böse, usw.) festzulegen, der Aussage des Bäckers, des Unternehmers oder von jemand anderem; sie gehören folglich nicht zur gleichen Klasse wie diese letzteren.

Man muß also Aussagen erster Ordnung, die sich auf beliebige "Objekte" beziehen (das Brot, die Arbeitsstunde, auf Waren wie in unserem Beispiel; oder auch auf die Schüler einer Lehranstalt, die Zahl der Geschlechtspartner, die Verantwortlichkeit der Väter...) von solchen zweiter Ordnung unterscheiden, die sich auf Aussagengesamtheiten erster Ordnung beziehen: w i r v e r s i c h e r n , d a ß e s w a h r i s t , d a ß e i n f r a n z ö s i s c h e s W e i ß b r o t 150 C e n t i m e s k o s t e t ; was soviel heißt wie: welches auch immer die Aussagenvariable x sein mag (dieses oder jenes Brot: die Individuen-Brote), die Aussage $f(x)=y$, die besagt: f ü r x i s t d e r P r e i s i n F r a n c s 1.50, ist immer wahr.

(Eine Anmerkung: auch Marx vertritt diese Wahrheitsposition. Der Text des "Kapitals" impliziert in der Tat, daß es eine Aussage oder Aussagengruppe zweiter Ordnung gibt, die den Wahrheitswert al-

ler Aussagen erster Ordnung, der Gleichungen, die
den kapitalistischen Tausch: Waren/Geld regeln, sicherstellen. Marxens Metadiskurs behauptet, daß
es nicht wahr ist, daß alles zum gleichen Wert
getauscht wird; er ermittelt zumindest eine Ungleichung,und zwar die zwischen der Arbeitskraft und der Ware, und insofern ist sein Diskurs kritisch. Er selbst
aber setzt eine Aussage zweiter Ordnung fest: ich
erkläre für wahr, daß der Wert jeder Ware in der
Menge der zu ihrer Produktion notwendigen durchschnittlichen gesellschaftlichen Arbeitszeit besteht;
diese Gleichung ist der Meta-Operator aller anderen
und gehört nicht zu ihnen.)

Diese Trennung in Aussagen und Metaaussagen setzt
nun allerdings eine Entscheidung voraus. Man entscheidet sich in erster Linie dafür, die Möglichkeit
der Wahrheit zu retten. Bertrand Russell sagt das
ohne Umschweife, wenn er versucht, das Paradox
des LÜGNERS zu widerlegen (11). Cicero berichtet
es in der folgenden Fassung: wenn du sagst,
daß du lügst, und du sagst die Wahrheit, dann lügst du (12). Diese Aussage wirft
uns in die Unentscheidbarkeit: denn wenn du lügst,
wenn du sagst, daß du lügst, dann sagst du die
Wahrheit; aber wenn du die Wahrheit sagst, wenn
du sagst, daß du lügst, dann lügst du...Russell glaubt
mit dieser Verwirrung dadurch fertig zu werden, daß
er behauptet: du lügst ist eine Aussage erster Ordnung und du sagst die Wahrheit,daß..., ist eine
Aussage zweiter Ordnung. Der Paralogismus besteht
darin, die zweite in die Menge der ersten einzuschließen.

Die Metasprache retten, verstanden als die Sprache,
die die Wahrheitswerte einer Aussagenmenge festlegt, dieses Ziel strebt die Arbeit der Logiker an.
Daran arbeitet auch das ZENTRUM; nur will es den

Status der Aussagen zweiter Ordnung dadurch rechtfertigen, daß es sie von einer höheren Instanz ableitet, z. B. der Meinung der Mehrheit oder so etwas ähnlichem. Was alles in allem genommen kein geringeres Paradox ist als das des LÜGNERS, denn die Meinung der Mehrheit besteht aus einer Aussagenmenge erster Ordnung (wir werden an anderer Stelle darauf zurückkommen).

Aber selbst wenn man nicht auf diesen circulus, auf diesen kleinen Zirkus insistiert, bleibt einem, folgt man der Überlegung Russells, nichts anderes übrig, als durch eine Entscheidung die Aussagen erster Ordnung von denen zweiter Ordnung zu trennen, wenn der Wahrheitswert einer beliebigen Aussage entscheidbar sein soll. Das Paradox des LÜGNERS macht sich nichts daraus, ob man von einer Aussage sagen kann, sie sei wahr oder falsch, oder nicht; es geht noch viel weiter: es konstituiert ein kleines Dispositiv, das verhindert, daß diese Entscheidung überhaupt getroffen werden kann. Eine Autorität, die über eine Metasprache verfügt, kann sich also gar nicht erst festsetzen oder festgesetzt werden. Es verweist auf eine ganz andere "Logik", eine Logik, wo es keine Metasprache mehr gäbe, und zwar nicht nur deshalb, weil diese uns für immer verborgen ist (wie in manchen Religionen (etwa der jüdischen) oder der einen oder anderen Version des Unbewußten (etwa bei Lacan)), sondern weil Lüge und Wahrhaftigkeit ununterscheidbar sind. Es wird sich herausstellen, daß sämtliche Aussagen, die Anspruch auf metalinguistische Geltung erheben, möglicherweise zur Menge der Aussagen gehören, die ihre Referenz bilden. Aber niemand weiß wann...
Es kommt mitunter vor, daß die Klasse aller Klassen selber zu diesen gehört.

Wenn man direkt und schonungslos diesen letzten

Satz in den sozio-ökonomischen Bereich überträgt,
dann folgt daraus der Schluß, daß alle gesellschaftlichen Klassen oder keine die Autorität haben oder
berufen sind, über eine Metasprache zu verfügen:
niemand weiß, wann der Herr lügt und wann er
die Wahrheit spricht. Und unter gesellschaftlicher
Klasse ist jede Menge von Individuen zu verstehen,
die durch eine Anzahl typischer Merkmale definiert
werden: Familienmütter, Kapitaleigner, Bretonen,
Linkshänder, Vegetarier, Abiturienten... Man sieht, wie
sich hier die Logik, die in der Dekadenz der Wahrheit sichtbar wird, und die Politik der Minderheiten, von der vorhin die Rede war, treffen: eine Politik ohne Herren, eine Logik ohne Metasprache.
Soviel fürs erste.

Die Minderheiten als Perspektive

Über die Dekadenz der Einheit, den zweiten Aspekt, den Nietzsche erwähnte; wir kommen
hier auf ihre politische Implikation zu sprechen.
Man hat gesagt, der Kapitalismus habe die Nation erfunden. Das ist gewiß eine historische Verkürzung;
trotzdem, man kann davon ausgehen, daß die Bourgeoisien mit dem Namen Nation eine Art Totalität,
wenn nicht hervorgebracht, so doch wenigstens durchgesetzt haben, die die verschiedenen Volksgruppen
unter einer ökonomischen und politischen, manchmal
auch religiösen und kulturellen Einheit zusammenfaßte. Wir leben im letzten Viertel des zwanzigsten
Jahrhunderts und es sieht so aus, als ob eine scheinbar gegenläufige Bewegung in Gang gekommen ist.
Eine Bewegung der Dekadenz der nationalen Einheit,
in deren Verlauf Vielheiten freigesetzt werden, die
von Grund auf von denjenigen verschieden sind, die
vor der Errichtung nationaler Einheiten bestanden.

Auch wenn diese Bewegung sich gegen den Kapitalismus richtet, gehört sie zur Dekadenz der Werte, die typisch für ihn ist. Nietzsche sagt: warum sind wir mißtrauisch und ungläubig geworden? Weil man uns die Wahrhaftigkeit gelehrt hat und wir diese Forderung gegen den Diskurs gekehrt haben, der sich als die Wahrhaftigkeit selbst, als Offenbarung ausgab. Auf dieselbe Weise kann man sagen: Warum erheben sich in den modernen Staaten nationale Minderheiten? Weil man uns die Nationalität gelehrt hat und wir diese gegen jene Minderheit gekehrt haben, die sich als Inhaberin der Nation ausgab. Die Nationen entstanden, als der Raum des IMPERIUMS zersprang; aber dieser Zusammenbruch ließ viele Imperien entstehen: was Rom für die damaligen Provinzen war, ist die Hauptstadt für die Regionen von heute. Die königlichen und republikanischen Herrscher von Paris waren und sind nicht weniger imperialistisch gegenüber den Regionen als Rom gegenüber seinen Provinzen und seinen Verbündeten. Man verdächtigt und verabscheut die Sprache von Paris. Man stellt den Zentralismus in Frage und in eins damit seinen soziopolitischen und ökonomischen Raum, dessen Eigenschaften die der euklidischen Geometrie sind: Isomorphie aller Regionen, Neutralität aller Richtungen, Kommutativität aller Figuren entsprechend den Transformationsgesetzen - das war schon im Ideal der Griechen und den jakobinischen Vorstellungen von der Staatsbürgerschaft enthalten.

Was sich abzeichnet ist eine (noch zu definierende) Gruppe von heterogenen Räumen, ein großes patchwork aus lauter minoritären Singularitäten; der Spiegel, in dem sie ihre nationale Einheit erkennen sollten, zerbricht. Dekadenz jener Inszenierung, jenes "Spektakels", das man Politik nannte. Europa

steigt eine Stufe herunter, um die elementaren politischen Gruppen zu definieren: während die Herren versuchen, von oben herab zu vereinheitlichen, erneuern die Kleinen seinen Zuschnitt von unten.
Das ist sehr wichtig. Aber nicht in dem Sinne, daß man sich davon ein neues Glück, eine neue Gleichheit zu versprechen hätte... Etwas ähnliches gibt es zum Beispiel schon im soziokulturellen Raum Amerikas, und die Koexistenz der vielen Minderheiten ist dort nicht gerade paradiesisch. Angesichts der Dekadenz der Einheit stößt man auf ein Problem, das bereits von den Politikern aufgeworfen wurde (besonders von den Kommunarden), jetzt aber in den geheimsten und zugleich sichtbarsten Gefühlen der Völker virulent ist: entweder das ZENTRUM beibehalten mitsamt der politischen (Vereinigung der Republiken, der Staaten, Föderation, Republik, Reich...) oder sozioökonomischen Phraseologie (Liberalismus, Sozialismus), mit der man die Herrschaftsfunktion ausstaffiert; oder diesen Raum in Minderheiten sprengen, denen dann die Aufgabe zufällt, immer wieder von neuem einen modus vivendi zu finden. Die Dekadenz des ZENTRUMS wird vom Untergang der Idee des IMPERIUMS begleitet. Angesichts dieser Entwicklungen findet man mehr bei den Denkern der Vielheiten, bei Thukydides und Machiavell als bei Zentralisten jedweder Provenienz.
Noch zwei Beobachtungen. Diese Bewegung der Zersplitterung betrifft nicht nur die Nationen, sondern auch die Gesellschaften: wichtige neue Gruppierungen treten auf, die in den offiziellen Registern bisher nicht geführt wurden: Frauen, Homosexuelle, Geschiedene, Prostituierte, Enteignete, Gastarbeiter...; je stärker sich die Kategorien vermehren, desto komplizierter und schwerfälliger wird deren zentralisierte Verwaltung; dann wächst die Tendenz,

seine Geschäfte selbst in die Hand zu nehmen, ohne
all die Vermittlungen des ZENTRUMS zu passieren,
oder sie zynisch kurzzuschließen - wie im Fall von
Geiselnahmen.
Zweitens: es hat den Anschein, daß die bestehenden politischen Organisationen angesichts dieser Verviel-
fältigungsprozesse durchweg die entgegengesetzte Richtung einschlagen. Sie verharren ausnahmslos im
Raum der Repräsentation, der Sicherheit bietet und
auf Ausschließungen beruht. Sie tragen so in hohem
Maße zur Verschleppung der Dekadenz des ZENTRUMS
bei. Die "Politik" der Minderheiten fordert ihren
Niedergang.

Der günstige Augenblick als Perspektive

Nur ein paar Bemerkungen zur Dekadenz der
Finalität. Im Jahrhundert zwischen 1850 und 1950:
eschatologische Diskurse, sowohl auf Seite der Liberalen, Planer, Faschisten, der Nazis, als auch
auf der Seite der Sozialisten, Bolschewiken, Kommunisten. Das sind heftige, blutige Gegensätze,
aber innerhalb ein und derselben Zeitlichkeit, deren
Richtung von den mehr oder weniger miteinander
verträglichen Werten von Glück, Freiheit, Größe, Sicherheit, Wohlstand, Gerechtigkeit, Gleichheit bestimmt ist. Kurz, alle diese Teleologien bewegen
sich in dem Gelände, das von Augustinus vermes-
sen wird: "De civitate dei" enthält sowohl das Thema von der Häufung der Erfahrungen, das in säku-
larisierter Form im Diskurs des Liberalismus wieder auftaucht, als auch jenes vom Umsturz der
Hierarchien, das als Triebkraft der revolutionären
Bewegungen fungieren wird; beide artikulieren sich
in einer eschatologischen Zeit. Der große Gegensatz
von kontinuierlicher und diskontinuierlicher Zeit,

der in den achtziger Jahren und später in Deutschland zu den heftigsten Kontroversen innerhalb der sozialistischen Bewegung führte, und zu Lenins Bruch mit der bolschewistischen Führung im April 1917 - dieser Gegensatz entzündet sich an ein und demselben Zeitbegriff.

All das ist nach wie vor lebendig im liberalen Diskurs wie auf der Linken; darin werden Kräfte gebunden, die sich bei den Kleinen zu Unbehagen und Unzufriedenheit, bei den Großen zum Willen nach mehr Macht verdichten. Man sollte nicht sagen, das ist vorüber, das wird zu Ende gehen: das liefe nur auf eine neue Eschatologie hinaus. Aber selbst in dieser Lebendigkeit bricht die Dekadenz der Zwecke durch, ihre Macht zu "perspektivieren" geht zurück. Die Teleologie der Linken, die einzige die uns interessiert - zu Recht oder zu Unrecht - , mag viel von sich reden machen und bei Wahlen günstige Abstimmungsergebnisse erzielen; trotzdem, niemand lebt nach ihren Werten und wahrscheinlich ist niemand bereit, deswegen seine realen Lebensverhältnisse aufzugeben, wie es seit Jesus (Mat.21,16-30)(13) heißt, selbst wenn sich die eine oder andere "große Gelegenheit" dazu bieten sollte - mit Ausnahme der Politiker. Man kann die Dekadenz der Revolutionsidee - das ist nicht neu - mit der Dekadenz der Idee des jüngsten Tags in den Anfängen des Christentums vergleichen: an Stelle des für immer abwesenden Reich Gottes richten sich die Verwalter des Kirchenreichs ein. Sie sind weder Verräter noch Betrüger, der Vorfall ist eher exemplarisch - leider. Ihre Stärke rührt daher, daß sie eine Perspektive sichern, die verhindert, daß die Menschheit des Abendlands im Nihilismus versinkt. Die Kirche (=die Partei), oder nichts (das Nichts, das endlose Übel).

Was von den Politikern hinter vorgehaltener Hand
als Apathie der Massen verrufen wird, als Nachlassen der Kampfkraft, als Entfremdung, ist etwas ganz anderes. Das ist ein lebhaftes, wenn auch manchmal
kaum wahrnehmbares Mißverhältnis zwischen der
sogenannten politischen Perpektive und einer anderen, ziemlich unbestimmten; und dieses Mißverhältnis
verläuft nicht zwischen den Führern und der Basis,
sondern durchquert alle. Es hängt ganz offensichtlich mit der Einstellung zur Zeit zusammen. Wartet, hofft, bereitet euch vor, unternehmt was, organisiert euch, sagt die politische Stimme; und die
andere Stimme: ergreift den günstigen Augenblick,
die Zukunft liegt mitunter, aber nicht notwendig
im Jetzt und nicht im Morgen, kein Voluntarismus,
macht was ihr meint, daß ihr es tun könnt, hört
was sich ereignen will und tut es. Keine eschatologische Geschichte errichten also, aber auch keiner Ethik der Wunscherfüllung oder Theologie des
Genusses folgen (das wären nur einfache Umkehrungen innerhalb des klassischen Asketismus). Die
günstige Gelegenheit, die die Tragiker und Gorgias
kairos nannten.
Nichts ist realistischer als diese Perspektive,
entgegen allem was man sagt, um sie zu diffamieren. In den letzten Jahren, vielleicht aber schon
seit jeher, war sie eine wichtige Treibkraft vieler
Kämpfe, in den Betrieben und anderswo. In einer
eschatologischen Perspektive kann man sich anmaßen, solchen Initiativen eine vermeintlich letzte
Wirklichkeit und letzte Instanz entgegenzuhalten und
sie von da aus für illusorisch, unrealistisch und
unverantwortlich halten. Es kann uns also gleichgültig sein, wenn die Politiker sie verhöhnen und verfluchen. Ein Jahrhundert lang haben sie die Praxis
bestimmt: die gegenwärtigen Verhältnisse zeigen,
wie realistisch sie waren.

Eine Wirksamkeit ohne Dritten

Nochmals die Red Army Fraction. Welche Art von Wirksamkeit wurde von ihren Aktionen erwartet? Dieses Problem ist durchaus analog zu dem, das die wissenschaftliche Effizienz aufwirft. Man macht der neuen Perspektive den Vorwurf (14), sie vernachlässige Fragen der Wirksamkeit: Ihr werdet das System nicht aus den Angeln heben, wenn ihr eure Aktionen nicht koordiniert, wenn ihr deren Bedeutung nicht erklärt. Andernfalls bleibt es bei diesem kleinen libidinösen Sich-gehen-Lassen in kleinen unproduktiven Minderheiten, das nicht das geringste ausrichtet, das das System nicht attackiert, ja nicht einmal seinen Argwohn erregt.

Diskutieren wir jetzt nicht darüber, sondern halten folgendes fest: selbst in einer so extremen Bewegung wie der RAF wird der Wert der Wirksamkeit voll von der Dekadenz ergriffen. Diese besteht aber keineswegs, wie die Einwände, die man gegen uns erhoben hat, glauben machen, darin, die Wirkungen zu vernachlässigen, sondern in einer Art Doppelbewegung: die Aufmerksamkeit, die man den Wirkungen schenkt, spaltet sich in zwei verschiedene Perspektiven. Es gibt zweierlei Arten von Wirkungen, die manchmal nicht unterschieden werden, und auch hier wird man wählen müssen.

Dufrenne zitiert Passagen aus Marcuses "Konterrevolution und Revolte"(15) - er mißbilligt sie, verwirft sie aber nicht -, wo die Wirksamkeit ganz offen der Pädagogik untergeordnet wird, in Übereinstimmung mit einer alten Tradition. Auch in den Manifesten der Baader-Meinhof-Gruppe findet man Spuren dieser klassischen Position. Auf die Frage des Spiegel: "Merken Sie denn nicht, daß keiner für Sie mehr auf die Straße geht?...daß, seit Sie mit Bomben um sich geworfen haben, auch kaum einer mehr ein Bett für Sie bereithält?" (16) antwortet die RAF mit den Ergebnissen von Meinungsumfragen aus den Jahren 72 und 73, die nahelegen, daß die Gruppe bei der deutschen Öffentlichkeit Anklang findet, und zu beweisen scheinen, daß, wenn sie auch nicht überzeugen konnte, ihr es doch gelungen war, die Sympathien eines bedeutenden Teils der westdeutschen Bevölkerung zu gewinnen: ein Moment, das in einem pädagogischen Prozeß unentbehrlich ist.

Oder auch jener Rundbrief vom 2. Februar 75, der an die Gefangenen den Befehl ausgab, den Hungerstreik zu beenden, und worin es heißt: "...unterentwickelte klassenkämpfe, die korruption der klassenorganisationen des proletariats, eine schwache revolutionäre linke...die möglichkeiten der legalen linken (sind) nicht genug entwickelt. was der streik als die letzte waffe unserer gefangenen...für die vermittlung, mobilisierung, organisation antiimperialistischer Politik hier erreichen konnte, hat er erreicht, in seiner eskalation kann sich keine neue qualität des kampfes vermitteln." (17)

Die Wirksamkeit, die hier gefordert wird, ist die der Pädagogik: in der Seele der Kinder, in den Massen soll sich das Rationalitätsprinzip, das platonische Logikon erheben. Drei Pole also in diesem strategischen Feld: wir, die RAF; sie, die Apparate des Imperialismus; ihr, die Schüler, die Massen. Wir sind effektiv immer dann, wenn ihr uns versteht. Aber wer soll entscheiden, ob ihr uns versteht? Ihr habt verstanden, wenn ihr mit uns einer Meinung seid, d.h. wenn ihr die gleiche Sprache sprecht wie wir und nach unserer Ethik handelt. Wir also werden entscheiden, ganz so wie Sokrates, der auch entschied, wann Menon vernünftig ist und wann nicht. (Vorsorglich weisen wir darauf hin, daß

unsere Darstellung keineswegs impliziert, daß man den Hungerstreik um jeden Preis hätte fortsetzen müssen...)
Dieselbe Gruppe sucht aber auch eine ganz andere Wirksamkeit und erreicht sie auch zuweilen. Zum Beispiel: Wenn sie den Computer der U.S. Streitkräfte in Heidelberg zerstört, der unter anderem die Bombereinsätze gegen Nordvietnam programmiert, heißt es nicht: die Massen werden das verstehen, sondern: das ist ein Anschlag auf das Potential des imperialistischen Gegners, militärisch und moralisch zugleich. (18) Das ist alles. Eine Strategie ohne einen Dritten also (der im übrigen ein falscher Dritter ist, denn eine der Parteien, Sokrates, ist zugleich auch Richter): hier die RAF, dort die amerikanischen Streitkräfte. Die Wirkung, die man erzielen will, ist nicht das Erwachen des Logikon der Massen, sondern die - wenn auch nur zeitweilige - Zersetzung des Feindes. Keine langatmigen Ableitungen. Und es ist ganz richtig, wenn die Gruppe schreibt: "Daraus folgt aber, daß das revolutionäre Subjekt jeder ist, der sich aus diesen Zwängen befreit und seine Teilnahme an den Verbrechen des Systems verweigert. Daß jeder, der im Befreiungskampf der Völker der III.Welt seine politische Identität findet, jeder der sich verweigert, jeder der nicht mehr mitmacht: revolutionäres Subjekt ist - Genosse."(19)
Auf diese Weise wird das Verschwinden des Dritten festgestellt, des Kindes als potentiell vernünftiges Subjekt, des Proletariats als potentiell revolutionäres Subjekt. Welche unmittelbaren Implikationen das hat, geht aus den Antworten auf Fragen des Spiegel hervor, wo im Hinblick auf den Strafvollzug formuliert wird: "Jeder proletarische Ge-

fangene, der seine Lage politisch begreift, und die
Solidarität, den Kampf der Gefangenen organisiert,
ist ein politischer Gefangener, egal, aus welchem
Anlaß er kriminalisiert wurde." (20) Hinter den alten Worten zeichnet sich eine neue Perspektive ab.
Man stelle sich vor, das wäre die Linie der deutschen (und anderen) Kommunisten in den nazistischen
Lagern gewesen, statt der Rettung des Apparats um
jeden Preis, die David Rousset beschreibt...
Welche Wirksamkeit also? Hier wird nicht die militärische Strategie der RAF verteidigt; eher liegt die
Vermutung nahe, daß der Extremismus ihrer Aktionen - gerade in seiner Verzweiflung und wie in umgekehrter Form - dem klassischen Modell von der
erzieherischen politischen Aktion folgt. Und zweifellos ist das der Grund, weshalb in diesem scheinbaren Grenzfall der Aufschub der Dekadenz in Sachen Wirksamkeit erscheint.
Die Eliminierung des **erziehbaren Dritten** gehört ebenso zur neuen Perspektive wie die Eliminierung von Finalität, Wahrheit und Einheit; wie ihre
Beibehaltung zur alten, in der wir gleichermaßen
stecken. Für die erste gibt es keinen Körper, der
organisiert oder reorganisiert werden müßte, sondern eine Vielzahl von Kleinkriegen und Provokationen. Und hier müßte gezeigt werden, daß es
erstens außer Bomben auch andere Mittel gibt,
um diese Kleinkriege zu führen, und **zweitens**
worin diese Kleinkriege bestehen. Es wird sich
herausstellen, daß es sich dabei immer um eine
Art **Retorsion** handelt, um eine List oder einen
Anschlag, durch welche die Kleinen, die "Schwachen"
für einen Augenblick stärker als die Stärksten werden. **Aus der Krankheit eine Waffe machen**, sagte das sozialistische Patientenkollektiv
in Heidelberg. Und das Komitee gegen die Folter der

politischen Gefangenen in der Bundesrepublik: "Sich bewußt werden, welche materielle Kraft entsteht, wenn Schwäche in Stärke umschlägt." (21)
Diese Retorsionen gehören zur Logik der Sophisten und Rhetoriker der ersten Generation und nicht zu der der Logiker, zu einer Zeit der günstigen Augenblicke und nicht der Zeit der großen Uhr der Weltgeschichte, zu einem Raum der Minderheiten, einem Raum ohne Zentrum.

Anmerkungen:

(1) **Donatisten**: nach Donatus von Karthago genannte kirchliche Bewegung in Nordafrika vom 4. bis zum 7. Jahrhundert, in der sich religiöse, nationale und soziale Aspekte verbanden und zu einer Sonderkirche führten. Der entscheidende theologische Gegner des Donatismus war Augustinus. Die Auseinandersetzung mit den Donatisten führte ihn zur Darstellung der katholischen Lehre von den Sakramenten, der Kirche und ihrem Verhältnis zum Staat. Augustinus bejahte auch die Gewaltmaßnahmen des römischen Staats gegen die Donatisten.
Circumcellionen: Extreme Richtung der nordafrikanischen Donatisten im 4. und 5. Jahrhundert, die sich aus numidischen Landarbeitern rekrutierte und in sozial-revolutionären Gewaltakten gegen Staat und katholische Reichskirche kämpfte.
Bagauden: Bezeichnung keltischer Herkunft für gallische, in Banden zusammengeschlossene Aufständische, vermutlich durch staatliche Steuerforderungen vertriebene Landbewohner.
Armorika: alte keltische Bezeichnung für die Bretagne und eines Teils der Normandie. Bretagne nannte man die Halbinsel, nachdem sich dort im 6. und 7. Jahrhundert keltische Einwanderer aus den britischen Inseln niedergelassen hatten, die aus England von saxonischen Invasoren vertrieben wurden.
Katharer: (= die Reinen) größte Sekte des Mittelalters, im 12. Jahrhundert über den Balkan, Mittel-, West- und Südeuropa verbreitet. Sie bestritten die Dogmen der katholischen Kirche,

die schließlich mit Kreuzzügen gegen ihren Einfluß kämpfte. (Zusatz d. Ü.)
(2) Raymond Ruyer, "La Gnose de Princeton", Paris 1974
(3) "Le Pourrissement des sociétés", Sondernummer der Zeitschrift Cause Commune, U.G.E., 10/18, Paris 1975
(4) Eine Reihe neuerer Publikationen kann als Beleg für diese These betrachtet werden. Eine der interessantesten ist A. Jaubert / J. M. Lévy-Leblond, "Autocritique de la science", Paris 1973 (neuerdings auch als Taschenbuch erhältlich). (vgl. dazu auch J. M. Lévy-Leblond, "Das Elend der Physik. Über die Produktionsweise der Naturwissenschaften". Berlin 1975. A.d. Ü)
(5) "A propos du procès Baader-Meinhof, Fraction Armée Rouge: de la torture dans les prisons de la R.F.A.", Paris 1975
(6) "A propos..." a.a.O. S. 71 Es ist gut, daß man weiß, daß diese Forschungen vom Sonderforschungsbereich 115 der Hamburger Universität durchgeführt werden. Dieses Hamburger Institut hat 1973 auch an einer Tagung teilgenommen, die von der NATO organisiert wurde und dem Problem der Aggressivität gewidmet war. Außer den Vereinigten Staaten, England, Kanada und Norwegen war dort auch Polen vertreten. Ist das ein Fauxpas der sozialistischen Wissenschaft? oder ist alle Wissenschaft kapitalistisch? oder ist es der Sozialismus, der kapitalistisch ist? oder handelt es sich nicht überall, in allen Diskursen des Wissens, in allen Systemen um ein und denselben imperialen Wahnsinn?
(7) Aus der Beschreibung des Forschungsprogramms des Sonderforschungsbereichs 115 an der Hamburger Universität:"Da das Individuum,

das dem Test unterworfen ist, unter diesen Bedingungen nicht oder fast nicht die Möglichkeit hat, die es umgebende Realität zu prüfen, ist es verhältnismäßig einfach, durch Befehle, simulierte Ereignisse und ähnliches Situationen zu schaffen, die sonst, wenn überhaupt, nur sehr schwer herbeigeführt werden könnten". In der Zeitschrift "Nervenarzt" (Nr. 40, 1969) schreiben Gross und sein Mitarbeiter Svab: "Diese einseitige Abhängigkeit der Versuchsperson vom Experimentator ist im Fall der sensorischen Isolation stärker als in anderen Situationen; wir haben uns deshalb entschlossen, ihn als Modell der Arzt-Patient-Beziehung heranzuziehen." Das letzte Wort des Denkens, das sich als Therapie oder Pädagogik begreift.

(8) In seinem Kommentar zum Archipel Gulag hat Claude Lefort besser als jemand anders das Delirium, den "Körper" der Gesellschaft zu homogeneisieren, beschrieben. vgl. Claude Lefort, "Archipel du Goulag", in: Textures Nr. 10/11, 1975.

(9) vgl. dazu B. Riemann, der in "Über die Hypothesen, die der Geometrie zu Grunde liegen" u.a. sagte: "...Das Messen besteht in einem Aufeinanderlegen der zu vergleichenden Größen; zum Messen wird also ein Mittel erfordert, die eine Größe als Maßstab für die andere fortzutragen. Fehlt dieses, so kann man zwei Größen nur vergleichen, wenn die eine ein Teil der anderen ist, und dann auch nur das Mehr oder Minder, nicht das Wieviel entscheiden. Die Untersuchungen, welche sich in diesem Fall über sie anstellen lassen, bilden einen allgemeinen, von Maßbestimmungen unabhängigen Teil der Größenlehre, wo die Größen nicht

als unabhängig von der Lage existierend und nicht als durch eine Einheit ausdrückbar, sondern als Gebiete in einer Mannigfaltigkeit betrachtet werden..." zit. nach Nicolas Bourbaki, "Elemente der Mathematikgeschichte", Göttingen 1971, S. 165 (Zusatz d. Ü.)

(10) Vor allem die Untersuchung von Jean Rousselet, "L'Allergie au travail", Paris 1974; und das Buch von J.-P. Barou, "Gilda je t'aime, à bas le travail", Paris 1975

(11) Bertrand Russell, "Philosophie. Die Entwicklung meines Denkens", München 1973, S. 75ff.

(12) Cicero, "Lehre der Akademie", II. Buch, § 95

(13) Die Gleichnisse vom reichen Jüngling und vom Lohn der Nachfolge, wo es u.a. heißt: ...Und wer verläßt Häuser oder Brüder oder Schwestern oder Vater oder Mutter oder Kinder oder Äcker um meines Namens willen, der wird's vielfältig empfangen und das ewige Leben erwerben..."(Zusatz d. Ü.)

(14) Wir halten hier nur Einwände von Autoren fest, die für die genannte Perspektive offen, ihr zuweilen sogar zugeneigt sind. Pierre Gaudibert, "L'Ordre moral", Paris 1973, S. 141f.; Mikel Dufrenne, "Art et politique"; Paris 1974, Kapitel VII

(15) Herbert Marcuse, "Konterrevolution und Revolte", Frankfurt 1973, S. 59 ff. Es heißt hier u.a.: "...Die primäre Befreiung kann nicht 'spontan' sein, weil solche Spontaneität nur die Werte und Ziele des etablierten Systems zum Inhalt hätte. Selbstbefreiung bedeutet Selbsterziehung, der aber Erziehung durch andere vorausgeht. In einer Gesellschaft, zu deren Struktur ungleicher Zugang zu Wissen und Information gehört, ist der Antagonismus zwischen den Erziehern und

den zu Erziehenden unvermeidlich. Die bereits Gebildeten sind verpflichtet, ihr Wissen dazu zu verwenden, anderen Menschen zu helfen, ihre Fähigkeiten zu realisieren und zu genießen. Jede wirkliche Erziehung ist politische Erziehung; in einer Klassengesellschaft aber ist politische Erziehung undenkbar ohne eine durch die Theorie und Praxis radikaler Opposition erprobte und gebildete Führung...ihre Funktion besteht in der Transformation unmittelbarer in organisierte Spontaneität. Spontaneität steht nicht im Widerspruch zu Autorität..." (Zusatz d. Übers.)

(16) "Wir werden in den Durststreik treten". Spiegel-Fragen an die RAF-Häftlinge, in: "Der Spiegel", Nr. 4, 1975, S. 57
(17) "Erklärung der RAF vom 2.2.1975", zitiert nach: INFO Berliner undogmatischer Gruppen, Nr. 44, 10.2.75, S. 12
(18) "Der Spiegel", a.a.O. S. 57
(19) "Den antiimperialistischen Kampf führen! Die rote Armee aufbauen!" Flugschrift der RAF vom Herbst 1972, von Viktor Kleinkrieg (schöner Name!) zitiert in "A propos du procès Baader-Meinhof", a.a.O. S. 33 (der Abschnitt ist im Original unterstrichen).
(20) "Der Spiegel", a.a.O. S. 52
(21) Aus einer Erklärung des französischen "Comité contre la torture des prisonniers politiques en Republique Federale Allemande", die als Vorwort abgedruckt ist in "A propos du procès Baader-Meinhof...", a.a.O. S. 7

EIN EINSATZ IN DEN KÄMPFEN DER FRAUEN

Die Frage nach dem Verhältnis zwischen
Männern und Frauen wird - als Problem
der Schrift - ihrerseits von diesem
Verhältnis bedingt

Es könnte sein, daß ihr von dem Augenblick an, wo
ihr zu schreiben beginnt, gezwungen seid, ein Mann
zu sein. Vielleicht ist Schreiben eine männliche Tätigkeit. Selbst dann, wenn ihr über das Weibliche schreibt,
selbst dann, wenn ihr "weiblich" schreibt. Was man
"weibliches" Schreiben" nennt, ist vielleicht nur eine Spielart einer Gattung, die männlich ist und
bleibt, der Gattung "Essay". Man glaubt, die Weiblichkeit dieses Schreibens hinge von dem ab, was
in ihr geschieht. Man könnte sagen, daß ein Schreiben weiblich sei, wenn es eher verführen als überzeugen will. Aber wahrscheinlich ist es typisch männlich, diese beiden Arten von Wirksamkeit einander
entgegenzusetzen.
Um diese Schlußfolgerung zu vermeiden, behauptet
ihr dann, daß es kein sicheres Kriterium gibt, um
zwischen dem Männlichen und dem Weiblichen zu unterscheiden, weder im Schreiben noch anderswo: aber
auch diese Neutralisierung der Frage ist verdächtig (wie man, wenn jemand sagt, er sei unpolitisch, er sei weder rechts noch links, sofort weiß,
daß er rechts ist).
Hier spricht ein Philosoph über die Frage des Verhältnisses zwischen Männern und Frauen. Er bemüht
sich zu vermeiden, was gerade an der Art und Weise, diese Frage zu stellen, männlich ist. Und trotzdem: seine Ausflucht und seine listige Vorsicht bleiben wahrscheinlich männlich. Er weiß, man müßte
aufhören zu philosophieren, damit die ver-

meintliche Frage nach dem Gegensatz männlich/weiblich, und ohne Zweifel dieser Gegensatz selbst, verschwänden; denn dieser existiert als Gegensatz nur aufgrund der philosophischen (und politischen) Methode, d.h. infolge des männlichen Denkens. Wir werden darauf noch zurückkommen.

Angesichts dieser Aporien ist man versucht, die Feder dem zu reichen, was einem fragenden erwachsenen Mann am weitesten entgegengesetzt ist - **einem kleinen Mädchen**. Aber man wendet ein, daß kleine Mädchen nicht schreiben, daß sie wie die Wilden seien. Und dann sind sie, wie die Wilden auch, zweifellos nur eine Schöpfung ihres vermeintlichen Gegenteils, der ernsten Männlichkeit, die im Grunde auch ihr Richter ist: eine Schöpfung der Eifersucht, die der Mann gegenüber dem empfindet, was er nicht sein darf.

Wie die Frauen angeblich den Geist empfangen haben

Der König von Wu sagt zum General Sun Tze: Ihr, der Ihr ein großer Feldherr seid und Euch rühmt, jeden in der Kriegskunst auszubilden, nehmt hundertachtzig meiner Frauen und versucht Soldaten aus ihnen zu machen. Sun Tze läßt die Frauen in zwei Reihen, die von den beiden Lieblingsfrauen angeführt werden, antreten und lehrt sie mit der Trommel den Befehlskodex: zwei Schläge: rechts um; drei Schläge: links um; vier Schläge: kehrt. Anstatt zu gehorchen, lachen und schwätzen die Frauen. Er wiederholt die Übung mehrere Male: die Frauen versichern, den Kodex verstanden zu haben, aber jedesmal gibt es nur ein großes Gelächter und allgemeines Durcheinander. Nun gut, sagt Sun Tze, Ihr lehnt Euch auf, dafür sieht das Militärgesetz den Tod vor:

Ihr werdet also sterben. Man unterrichtet den König, der ihm verbietet, die Frauen schlecht zu behandeln, besonders die Lieblingsfrauen. Sun Tze läßt ihm antworten: Ihr habt mir den Auftrag gegeben, sie in die Kriegskunst einzuführen, das übrige ist meine Sache. - Und mit seinem Säbel schlägt er den beiden Führerinnen den Kopf ab. Sie werden durch andere ersetzt und das Exerzieren wird wieder aufgenommen. "Und als ob diese Frauen ihr Leben lang nur das Kriegshandwerk betrieben hätten, folgten sie schweigsam und fehlerlos den Befehlen." (1)
Hier haben wir also eine Teilung von männlich und weiblich. Erstens, Kennzeichen der Männlichkeit ist der Anspruch, die Ordnung herrschen zu lassen; Kennzeichen der Weiblichkeit der Zwang, darüber zu lachen. Das Frauengemach plappert, die Truppen schweigen. Im Gegensatz zu unserer Erzählung zeigt die Komödie, gleichwohl ein wichtiges männliches Genre, die Erfolge listiger Schwäche; sie läßt die Männer über das Lachen der Frauen lachen; Rosina, die Gefangene, macht Don Bartholdo lächerlich. Aber dieses Zugeständnis dauert nur einen Augenblick: kaum ist Rosina ihrem Beschützer entkommen, da steht sie auch schon unter dem Gesetz des Grafen Almaviva, des wahren Herren. Wer zuletzt lacht, lacht am besten: der unbekümmerte Humor der Frauen wird der wissenden, sokratischen, teleologischen Ironie der Männer unterliegen.
Zweitens, die List der (männlichen) Vernunft unterscheidet sich von den Schlingen des (weiblichen) Gefühls; sie bedient sich des Todes. Sun Tze tötet einige der lachenden Frauen: das ist der Ernst. Wenn die Frauen zivilisiert und das heißt: vermännlicht werden sollen, dann müssen sie die Angst zu sterben erfahren und sie überwinden. Andernfalls geben sie entweder nach und werden unterworfen (können aber heim-

lich weiter lachen); oder sie lassen sich nicht unterwerfen:dann tötet man sie ein bißchen, und es gibt tote Soldaten, aus denen man Helden machen kann. Sklavinnen sind nie sicher; wirklich zivilisierte Frauen sind Tote oder Männer.

Drittens, ein sicheres Kriterium, die Geschlechter zu unterscheiden, ist also ihr Verhältnis zum Tod: männlich ist ein Körper, der sterben kann, welches anatomische Geschlecht er auch immer haben mag; weiblich derjenige, der nicht weiß, daß er verschwinden muß. Die Männer lehren die Frauen den Tod, das Unmögliche, die Anwesenheit der Abwesenheit. Die Tragödie ist ein vornehmes Genre, weil man in ihr nicht lacht; man zeigt in ihr sogar, daß es nichts zu lachen gibt. Die Frau hat in ihr keinen Platz. Sun Tze definiert das Ritual einer Überfahrt: das Weibliche ist auf der Seite des Kindes, der Jugend und der Natur; der Fährmann ist der Tod; er führt zur Sprache, zur Ordnung, zum Gewahrwerden des Mangels, zur Signifikanz, zur Kultur.

Sexuelle Theorie und Praxis der Männer schließen die Todesdrohung mit ein. Oder: Die Sexualität hat keinen Sinn ohne einen Signifikanten

Wenn Freud fragt, was will das Weib, dann gibt er, als Mann, zu verstehen, daß sie, da sie passiv ist, nichts will. Und wenn er sagt, daß die Libido immer männlicher Natur ist (2) - darin einer Meinung mit jenem Besucher pornographischer Filme, der auf die Frage, warum sich Frauen für solche Darstellungen nicht interessierten, antwortete: "Die Frauen? Schon mal Frauen gesehen, die sich für Sex interessierten? Frauen haben kein Geschlecht" (3) -, dann versteht Freud unter Libido etwas Triebhaftes, das man ver-

stehen kann, weil es etwas (sagen) will. Für Lacan
ist der Signifikant, der seine Wirkungen in unbewußte "Aussagen" einschreibt, der Phallus, apriorische
Bedingung jeglicher symbolischen Funktion, wenn
sie die geschlechtlichen Körper bearbeitet. Der Körper ist nicht geschlechtlich, solange er nicht "die Engführungen des Signifikanten" passiert hat, was soviel
heißt wie: die Drohung der Kastration oder des Todes, das Mal des Ödipusgesetzes.

Hier scheint der Unterschied zustandezukommen: man
nimmt an, daß der Junge diese Drohung überwindet,
um aus dem Ödipus heraus- und in die Männlichkeit
einzutreten, während das Mädchen, so heißt es, zur
Weiblichkeit gelangt, indem sie in den Ödipus eintritt und sich unter das Gesetz der Kastration stellt. Ersterer wird sich trotz des Vaters mit dem Phallus zu
identifizieren haben, letztere sich damit begnügen müssen, ihn zu empfangen(4). Es scheint, daß Sun Tze mit dieser ausgesprochen männlichen Version einverstanden ist:
wenn eine Frau ein Mann werden soll, dann muß sie
dem Tod oder der Kastration, dem Gesetz des Signifikanten entgegentreten. Andernfalls wird ihr der
Sinn des Mangels immer fehlen. Das ist der Grund,
weshalb sie sich für ewig hält und ihr die Sexualität,
die Aktivität, die die Sprache des Körpers konstituiert, vorenthalten ist.

Nichts anderes sagt Platons Sokrates, wenn er versichert (5), daß die Liebe (Eros) nicht nur von der
List, der Schläue, dem Mittel (Poros) gezeugt
wird, sondern auch vom Mangel (Penia), daß man
das, was man liebt, nicht um seiner selbst willen
liebt, sondern um es zu befruchten und in ihm sich
zu reproduzieren, um unsterblich zu werden. Auf diese Weise ordnet er die Liebe der Wirkung des abwesenden Signifikanten unter, der Idee, dem obersten
Paradigma, das die Körper über sich hinaus bewegt.

Um das zu bezeugen, wird Sokrates sterben(6).
Aus dieser Verteilung der symbolischen Funktion geht
die große männliche Verbindung von Krieg und Sex
hervor (die man auch in den chinesischen Traktaten
der Liebeskunst findet, die zugleich Lehrbücher der
Kriegsführung sind). Die Männlichkeit konstituiert
sich um einen Preis, den des Lebens; nur wenn er
sterben kann, kann der Körper sprechen, und jedesmal wenn er genießt, riskiert er, wieder ein Körper ohne Gesetz, ohne Sprache zu werden, der nur
zu leben und zu lachen fähig ist. Die Liebe ist für den
Mann ein Kampf, in dem seine Männlichkeit, und das heißt:
die Kultur auf dem Spiel steht.
Die Männer - zumindest im Abendland - lieben
nicht die Liebe, sondern den Sieg. Unter ihnen
herrscht eine ironische Verachtung des Körpers
und der Sinne, der Gerüche, der Berührungen, der
Ausscheidungen, des Geschehen-Lassens, der Klänge; diejenigen unter ihnen, die sich dem überlassen,
nennen sie "Künstler". Aber die Künstler sind weiblich. Die Männer empfinden es als Niederlage, wenn
sie lieben. Sie ziehen die Prostituierten vor, deren
Leidenschaftslosigkeit sie schützt. Die Lust einer
Frau bleibt ihnen ein Rätsel, da sie die technischen
Mittel nicht gefunden haben, um sie gewiß und vorhersehbar zu "produzieren". Sie geben der Klitoris
den Vorzug, die sie als vertrauten und zuverlässigen
Agenten betrachten, der für sie auf feindlichem Terrain
arbeitet. Das Eindringen in die Vagina ist "dann" die Besetzung des Terrains und zugleich der Cursus, der von
der Besiegten bis zum höchsten Grad der Lust, die
Mann aus ihr gewinnen will, durchlaufen wird.
Für die Frau hingegen ist "genießen" oder "nicht genießen", im Sinne von den Spasmus haben oder nicht
haben, mit dessen Eintreten der Mann nach dem Vorbild seines eigenen Orgasmus rechnet - für sie

ist das, wenn sie liebt, k e i n e F r a g e . Die Frage
stellt sich nicht, die Antwort ist gleichgültig. Es ist
der Männlichkeit eigen, dies nicht wissen zu wollen; dies impliziert freilich, daß die Körperteile
nicht "sprechen", sondern "funktionieren" (w o r k),
ohne einen Sinn verwirklichen zu müssen, der ihnen
ermangelte; daß man sehr wohl genießen kann, ohne
zu lieben, und lieben, ohne zu genießen. Die affektiven und sexuellen Machinationen haben also nichts
mit irgendeiner Erfüllung eines körperlichen Sinns
(orgastische "Befriedigung") oder eines theoretischen Sinns (das Schöne, das Wahre) zu tun (7).

D e r m ä n n l i c h e I m p e r i a l i s m u s v e r s t ö ß t
d i e F r a u e n e n t w e d e r a n d i e G r e n z e n
o d e r m a c h t s i e , w e n n e r s i e e r z i e h t ,
d e n M ä n n e r n g l e i c h (h o m o l o g)

Alles steht für den männlichen Imperialismus bereit:
das leere Zentrum, wo die STIMME sich Gehör verschafft (ob die GOTTES oder des VOLKES ist hier unwichtig, wichtig ist die GROSSCHREIBUNG), um das Zentrum herum der Kreis der homosexuellen Krieger,
die ihre Dialoge halten (8), das Weibliche (Frauen,
Kinder, Metöken*, Sklaven), das aus dem C o r p u s
s o c i a n s verstoßen wird und die Eigenschaften aufweist, mit denen dieser C o r p u s nichts zu tun haben will: Wildheit, Empfindlichkeit, Rohes und Gekochtes, Impulsivität, Hysterie, Schweigen, ekstatischer Tanz, Lüge, dämonische Schönheit, Schmuck,
Geilheit und Hexerei, Schwäche. Sich selbst begreift
der männliche Corpus als a k t i v , t ä t i g , wie Hegel,
Freud, alle sagen: wir müssen jenes ferne Objekt ergreifen, das menschlich zu sein s c h e i n t , es aber in Wirklichkeit nicht i s t , sondern erst menschlich w e r d e n
muß. Der männliche Imperialismus ist kriegerisch
_____
*ortsansässige Fremde ohne politische Rechte (A.d.R.)

und pädagogisch, was ein und dasselbe ist: er glaubt, die Initiative zu haben. Die Frauen (und alles, was weiblich ist) werden r e a k t i v oder p a s s i v genannt, sie warten auf die Tat des Sinns, um erregt, befruchtet, kultiviert, aufgehoben zu werden. Sie sind Verräterinnen, wie der Indianer und der Araber, ihre scheinbare Menschlichkeit ist erschlichen: d é r o b e r , r a u b e n [+], r u b a r e , sie sind die Diebinnen der Menschheit (9).

Aber vielleicht k ö n n e n wir Männer den Wunsch, dieses Objekt zu ergreifen, deshalb n i c h t unterdrücken, weil nur von ihm die Rede ist im Diskurs der STIMME des männlichen ZENTRUMS: sie spricht nur von den Grenzen des IMPERIUMS (die die Frauen sind), und wir müssen ohne Unterlaß ihre Äußerlichkeit bekämpfen. Und wenn das wahr ist, muß man dann nicht zugeben, daß dieses Objekt unbewußt mit dem, was wir Aktivität nennen, ausgestattet ist? Und verrät nicht die listige Kraft, die wir ihnen zugestehen, daß unsere Rolle insgeheim von der ihren umgedreht wird?(Hat der abendländische Mann vielleicht nicht doch den Wunsch, sich von der Frau sodomisieren zu lassen?) Ist nicht auch für den Mann das am wichtigsten, was außerhalb des Theaters der Männer liegt? Findet er nicht gerade dort seinen "Ursprung"? Und dieser Ursprung, ist er nicht Weib? Die Mutter, ist sie nicht das ursprünglich Weibische? Das heißt eine bestimmte Art, das äußere Geschlecht in der Theorie zu repräsentieren: als ungegründeter Grund, in welchem sich der Sinn erzeugt? Das sinnlose SEIN?

In der Tat kann die Frau vom Bürger, vom Staatsmann, als Mutter, als Mutter seiner Söhne, anerkannt und geschätzt werden: sie ist nun einmal die unvermeidbare Vermittlung zwischen ihm und seinen Söhnen. Der Corpus socians kann sich nicht repro-

[+] im Original deutsch

duzieren, ohne durch den Bauch der Frauen hindurchzugehen. Die männlichen Homosexuellen schätzen ihn, aber nur an den Rändern des IMPERIUMS. Die Göttinnen der Fruchtbarkeit sind eher orgiastisch als bürgerlich; ihr Kult wird in Griechenland beibehalten, aber in die Dunkelheit der Baccheia zurückgestoßen, in Rom mit dem Christentum beseitigt, später in der Marienverehrung sublimiert: das männliche christliche Abendland ehrt nicht die Frauen, sondern sein eigenes Reproduktionsvermögen, das im Schoß der Jungfrau angelegt ist und im Bauch der Mutter ausgebeutet wird.

Und die Frauen, die weder Jungfrauen noch Mütter sind, die "Mädchen"? Sie muß man erobern, besänftigen, heiligen, retten und uns gleich machen. Schon das Christentum stellt die Frage: soll man die Frauen erziehen, und wie? Der Kapitalismus wird die Methode, die sich in dieser Fragestellung abzeichnete, verallgemeinern: die Frauen nicht durch Verbannung ausschließen, sondern durch H o m o l o g i s i e r u n g. Er trägt dazu bei, die Einschließung in den Raum der Familie zu zerstören, er integriert sogar teilweise ihre Reproduktionsfunktion , wenn er indirekt, entsprechend seinen Bedürfnissen, auf ihre Zeugungsbereitschaft einwirkt und ihre Produkte, die berühmten Söhne, als Waren behandelt, ebenso wie ihre trächtigen Bäuche. Die Erziehung der Frauen besteht also darin, ihre natürlichen weiblichen Ressourcen, und zwar a l l e Ressourcen, durch ihren Einschluß in seine Reproduktionszyklen auszubeuten.

Mit dem Kapital verwirklicht sich angeblich das Ideal der Männer, sich selbst zu vermehren: MADAME LA TERRE verschwindet (10), MESSIEURS LE PÈRE-CAPITAL und LE FILS-TRAVAIL glauben, sie genügen, damit sich der Corpus sociandum reproduzieren kann, sozusagen ohne fremdes Zutun. Im männlichen Zyklus verschwinden die Frauen, sie sind als Arbeiterinnen in die Warenproduktion integriert, als Mütter in die Reproduktion der Ware Arbeitskraft, unmittelbar als Waren (Cover-girls, Prostituierte der Massenmedien, human relations-Hostessen) oder schließlich als Managerinnen des Kapitals (Führungspositionen).

Vor- und Nachteile der Behandlung der Geschlechtsunterschiede in der kapitalistischen Gesellschaft

Jedenfalls können die Frauen nur unter der Bedingung, daß ihre Unterschiedlichkeit neutralisiert wird, der modernen Gesellschaft angehören. Auch die heutige "Erotik" impliziert - im Umfeld einer echten Volkskultur aus Pornos, Frauenzeitschriften und der Pille - eine solche Homologisierung. Sie wird von einem absoluten Wert beherrscht: der permanenten sexuellen und affektiven Verfügbarkeit, die man dann Emanzipation, Befreiung, Unabhängigkeit nennt und als Anti-Werte Ehe und Familie entgegensetzt. Aber es ist der gleiche Wert, den das Kapital den Männern aufzwingt; mit denselben Qualitäten: Freiheit, Verfügbarkeit, Mobilität, staffiert es ihre Reduktion auf Arbeitskraft aus. Die sexuelle und affektive Freiheit der Frauen (wie der Männer) ist ein kapitalistischer Wert, nicht nur weil sie den Sex in eine auf dem männlichen Markt leicht verkäufliche Ware verwandelt, sondern auch deshalb, weil, wie im Fall der "freien" Arbeitskraft, sämtliche Unterschiede neutralisiert werden müssen, also auch die zwischen den Geschlechtern und den vielen singulären Lüsten, damit sie endlich allesamt unter das Gesetz der Austauschbarkeit gestellt werden können. So erklärt sich zum Beispiel der Rückgang der Hysterie, wie die Männer die Äußerlichkeit des Weibs zu nennen pflegen.(11)

Ein Besucher von Pornofilmen formuliert treffend das Gesetz des Kapitals: "Was mir an den Mädchen in Pornofilmen so gut gefällt? Sie sind genau so wie die Männer, immer haben sie Lust zu vögeln" (12). Immer Lust, mehr "Erfahrung" zu kommerzialisieren und zu kapitalisieren: expansive Sexualität, eroberungssüchtige Erotik, Tauschökonomie. In diese Richtung weisen bereits einige Libertins des 18. Jahrhunderts: die Homologisierung der Geschlechter (das "Sperma", das die Frauen bei de Sade ejakulieren) ermöglicht, das Liebesverhältnis in Begriffen von Strategie und Taktik (Laclos) oder gar in einer Theorie der Höflichkeitsspiele (Crébillon der Jüngere) zu behandeln, kurz: als politisches Verhältnis, worin das zutiefst männliche Gesetz gilt: lieber sterben als leiden. Leidenschaftslos leiden: von diesem Gesichtspunkt aus wäre das der Erfolg (13).
Man darf den modernen Unisexismus jedoch nicht rundweg ablehnen; er bietet Material für neue Listen. Es wird Zeit, daß der Mythos von den Dämoninnen und Müttern, von den Zwitterwesen, die hinter den Limes des männlichen Imperiums verstoßen wurden, verschwindet. Sein Untergang macht deutlich, daß die Unterschiede, die die Sexualität konstituieren, nicht mit dem politischen Gegensatz von Corpus socians und Corpus sociandum zusammenfallen, sondern jeden sogenannten individuellen "eigenen Körper" durchqueren, ob seine Anatomie nun männlich oder weiblich ist. Freud glaubte an das Schicksal der Anatomie; aber das Interesse, das man heutzutage den Transvestiten, den Invertierten und der chirurgischen Geschlechtsumwandlung entgegenbringt, zeigt,

daß dieser Glaube zurückgeht. Daß die männliche
Lust nicht an die Zurückhaltung oder Ausstoßung des
Spermas, nicht einmal an die Erektion gebunden ist;
daß sogenannte weibliche "Komponenten" der Lust
sich in diesen gegen den Tod gepanzerten Körper
einschleichen können; daß die Aktivität nicht ihr er-
drückendes Schicksal ist; daß man die Synchronisie-
rung der Orgasmen nicht mehr als Ideal betrachtet
und sie dafür nicht länger die Verantwortung zu übernehmen haben; all das, zusammen mit anderen Verschiebungen, gibt Anlaß zur Hoffnung, daß das Imperium des Signifikanten auf dem männlichen Körper sich auflösen und ein anderer sexueller Raum,
eine Topologie der erotischen Verkettungen, vergleichbar der, die Freud beim Kind entdeckte und mit dem
(eher heuchlerischen) Begriff polymorphe Perversion (14) bezeichnete, an seine Stelle treten könnte. Auch der Körper des "Weibs" würde sich in ein
Puzzle von Potentialitäten auflösen, wobei keine - weder die Fruchtbarkeit, die Passivität, die Emotiona-
lität, noch die Eifersucht - die andere beherrsche.
Die Unterschiede durchquerten die "eigenen Körper",
statt einen starren Gegensatz zwischen "männlich"
und "weiblich" zu errichten. Dies würde ermöglichen,
daß die Oberflächen, die zwei (oder mehreren) Individuen "gehören"(?), sich in gewisser Weise aneinan-
der koppeln können (die mag man sadistisch, maso-
chistisch, zärtlich, oblativ, zwanghaft nennen oder
mit ich weiß nicht welchem Wort aus dem Lexikon
der Nosographie - versucht vor allem, bessere zu
finden!), ohne zu beeinträchtigen, was auf den anderen Oberflächen "derselben" Körper geschieht.

Dann ereignet sich das, was man gemeinhin Liebe
nennt: es gibt niemand mehr, keine übergeordnete,
zentrale Identität mehr, die sagen und kontrollieren

könnte, was auf den einzelnen "intensivierten" Oberflächen geschieht.
Es kann also nicht darum gehen, den Geschlechtsunterschied gegen die Homologisierungsbewegung, die vom Kapital erzwungen wird, zu stützen. Dieser sogenannte "Geschlechtsunterschied" ist, wie wir gesehen haben, vom männlichen Imperialismus so wenig ausgenommen wie sein Gegenteil. Er besagt lediglich, daß man die Menschenwesen in zwei Klassen unterteilen kann, je nachdem, ob sie mit oder ohne Penis ausgestattet sind, und daß nur die erste Klasse zum Corpus socians gehört. Die Frauenbewegung könnte versucht sein, dieser Angleichung der Frauen an die Männer durch Radikalisierung des Unterschieds zu widerstehen: sie könnte die Intuition, das Pathos und die Unverantwortlichkeit, die man den Frauen nachsagt, einklagen und zu Waffen in ihrem Aufstand gegen den Phallokratismus machen. Man könnte sogar davon träumen, die Bedeutung dieser "Schwächen" auszudehnen und daraus eine antimännliche Welt zu konstruieren, die nur eine weibliche Schrift, die aus Stimmen, Schreien, Geflüster und Komplotten bestünde, erforschen könnte.

Aber diese Richtung läuft Gefahr zu scheitern und das Problem in seiner traditionellen Form wiederherzustellen: der männliche Imperialismus paßt gut zu nächtlichen Delirien, zu Streifzügen durchs Gebirge, wilden Tänzen in Wäldern, zum Verschlingen roher Tiere (15). Denn das Imperium braucht eine Grenze, und all das setzt eine Grenze. Angesichts dessen, was er Irrationalismus nennt, sieht sich der Herr der Waffen und des Worts wieder mit einer pädagogischen Aufgabe betraut: er braucht eine Grenze, die er erobern, und Wilde, die er zivilisieren kann. Befreien wir ihn lieber von seinem Wörter- und Todespanzer, tauchen wir ihn in das große Patchwork der affektiven, intensivierenden Elemente. Führen wir keinen frontalen Krieg gegen ihn, sondern eine Art Guerilla mit Hinterhalten und plötzlichen Überfällen, in einen anderen Raum und in einer anderen Zeit als denen, die uns der männliche Logos seit Jahrtausenden aufzwingt. Man könnte versucht sein, diese verdrehten Räume und paradoxalen Zeiten einem "weiblichen Prinzip" zuzuschreiben. Aber das hieße nur, dem sogenannten "männlichen Prinzip", als dessen einfaches Komplement es dann erschiene, noch einmal ein Zugeständnis zu machen. - Oder? Sagen wir das doch, aber als eine Art Theorie-Fiktion. Und fangen wir an, mit Fiktionen zu arbeiten und nicht mit Hypothesen oder Theorien: für einen, der schreibt und redet, wäre das die beste Weise, "weiblich" zu werden...

Ein Einsatz im Kampf der Frauen: die Zerstörung der Metasprachen

Zum Schluß, wie angekündigt, eine Anmerkung zu diesem Thema. Der Philosoph ist als solcher heimlich Komplize des Phallokraten. Und zwar deshalb, weil die Philosophie nicht irgendeine Disziplin unter anderen ist. Die Philosophie ist die Suche nach einer konstituierenden Ordnung, die der Welt, der Gesellschaft, dem Diskurs Sinn verleiht; sie ist der Wahnsinn des Abendlands; unaufhörlich führt sie im Namen des Wahren und des Guten im Wissen und in der Politik ihre Forschungen durch. Wenn wir die Frage nach den Beziehungen zwischen Männern und Frauen aufwerfen, stößt uns die Philosophie (oder deren zeitgenössische positivistische Parodien, die Soziologie, die Anthropologie usw.) in Richtung einer Antwort. Aber diese Antwort muß die Konstitution passieren, d.h. eine ordnungsgemäße Ausarbeitung dieser Beziehungen und somit auch der Terme "Mann"/"Frau", die miteinander in Beziehung treten. Diese Konstitution kann auf verschiedene Weise durchgeführt werden. Allen Versionen ist jedoch gemeinsam, und das ist der springende Punkt, daß diese Frage (und die Möglichkeit oder Unmöglichkeit, sie zu beantworten) nur in dieser (ihrerseits unmöglichen, immer offenen) Metasprache gestellt werden kann, die die Sprache der Philosophie ist. Aber diese Metasprache ist immer s c h o n die Sprache der abendländischen, insbesondere der griechischen Männlichkeit.

Wo hat sie sich faktisch konstituiert? In jenen Gemeinschaften freier Männer, die hellenistisch sprechen, Waffen tragen, dieselben Götter verehren und dem Gesetz der Isonomie* unterstehen; sie bildeten im Innern der griechischen Feudalgesellschaft den Kern der Politeia (16). Aus diesen Gruppierungen sind die Frauen (wie die Kinder, die Metöken, die Fremden, die Sklaven) von vornherein ausgeschlossen. Sie erringen eine Vormachtstellung über die gesamte Gesellschaft, die es ihnen schließlich ermöglicht, die überkommene Gentilverfassung, d.h. das System der Großfamilien, von Grund auf umzuwälzen (17). Das Wort, das in dieser Mitte ausgesprochen wird, erweist sich also als konstituierend für die Gesellschaft in ihrer Gesamtheit. Und dies gilt selbst noch für die revolutionären Parlamente der Gegenwart: die amerikanische, die französische und die bolschewistische Revolution. Was bedeutet dies für die Weiblichkeit (die diesen Diskurs mitunter ignoriert)? Sie ist konstituiert oder muß als eins der Teile des Corpus sociandum oder gar als dessen Symbol, als die Passivität, konstituiert werden, im Gegensatz zur <u>Gruppe der</u> "Politischen", die die Verantwortlichkeit
*Rechtsgleichheit, Gleichberechtigung (A.d.R.)

für den Corpus socians an sich reißt. Historisch kann man nachweisen, daß die Konstitution jener Institution, die man Politik nennt und die eine spezifisch männliche Ordnung ist, und die Institution des konstituierenden Diskurses, der Philosophie, zusammenfallen. Vielleicht ist im Abendland seit jenem Augenblick das Männliche nichts anderes als diese Beziehung zum Konstituierenden.

Man kann die Frage nach den Beziehungen zwischen Männern und Frauen also nicht auf das Problem der Arbeitsteilung im Innern des gesellschaftlichen Körpers reduzieren. Die Grenze, die zwischen den Geschlechtern verläuft, trennt nicht zwei Teile ein und desselben gesellschaftlichen Ganzen, sie ist nicht nur jener Rand, wo das IMPERIUM auf die Barbarei stößt, sondern sie ist die Bruchlinie zwischen einem empirisch Gegebenen, den Frauen, dem großen X, und der transzendenten oder transzendentalen Ordnung, die sich ihm appliziert,* um zu versuchen, ihm einen Sinn zu geben. Hierin ist das stillschweigende Einverständnis von politischer Phallokratie und philosophischer Metasprache zu suchen: die Aktivität, die sich die Männer de facto vorbehalten, setzt sich als Recht, den Sinn zu geben. Die gesellschaftliche Verteilergruppe, die der Bürger, vermischt sich mit dem Prinzip, welches besagt, daß es eine verteilende Vernunft und eine Materie gibt, worauf diese Vernunft schreibt und sich einschreibt, und Materie und Vernunft verschieden sind.

Einer gewissen "Feministin" (18) wirft man vor, den Phallus, den symbolischen Operator der Bedeutungen, mit dem Penis, dem empirischen Mal des Geschlechts-

---
*Zum Begriff der Applikation vgl. Deleuze/Guattari. "Anti-Ödipus" (Frankfurt 1974), die ihn benutzen, um die Beziehung zwischen gesellschaftlichem Feld und Familie zu bezeichnen (A.d.Ü.)

unterschieds zu verwechseln; stillschweigend wird vorausgesetzt, daß die metalinguistische Ordnung (die des Symbolischen) vom Referenzbereich, dem sie sich appliziert (der der Wirklichkeiten), unterschieden ist.
Wenn nun aber der Frauenbewegung eine ungeheure Tragweite zukommt, und insofern ist sie durchaus mit den Kämpfen der Sklaven, der Kolonisierten und anderer "Unterentwickelter" vergleichbar, dann deshalb, weil sie den (männlichen) Glauben an die Unabhängigkeit der Meta-Aussagen von gewöhnlichen Aussagen attackiert und zerstört.
Jeder Diskurs des Wissens stützt sich auf eine Entscheidung: nämlich, daß die beiden Aussagen "die Suppe ist serviert" und "es ist wahr, daß die Suppe serviert ist" nicht derselben Klasse angehören und deshalb voneinander unterschieden werden müssen. Aber diese Entscheidung selber ist nicht beweisbar. Mit anderen Worten: man kann das sogenannte "Lügnerparadox" (19) nicht widerlegen; und plötzlich erscheint die Entscheidung, die den Diskurs des Wissens und die konstituierende Ordnung konstituiert, als Faktum einer Macht und Macht des Faktischen. Wenn die Wirklichkeit lügt, dann folgt daraus, daß die Männer, die sich anmaßen, den Sinn zu konstituieren und das Wahre zu sagen, selbst nur eine Minderheit in einem Patchwork sind, auf dem es nicht möglich ist, eine höhere Ordnung gültig zu etablieren und festzusetzen.
Da die Frauen - wie Eubilides und wie die Wirklichkeiten - lügnerisch sind, entdecken sie, was die Herrschaft (der Männer) fortwährend verschwiegen hat und die größte Revolution des Abendlands sein wird: daß es keinen Signifikanten gibt; oder daß die Klasse aller Klassen selbst nur eine Klasse ist; oder daß wir Abendländer unsere ganze Raum-Zeit und unsere ganze Logik auf der Basis von Nichtzentralität, Nichtfi-

nalität und Nichtwahrheit neu machen müssen. In einer Abstimmung haben die Vereinten Nationen den Zionismus als Rassismus verurteilt - zum großen Entsetzen der Abendländer, die plötzlich in der Minderheit waren. Eines Tages wird die UNO die Vorherrschaft, die man dem theoretischen Diskurs einräumte, als männlichen Sexismus verurteilen, zum großen Entsetzen von...uns allen.

Anmerkungen

(1) vgl. Sun Tze, "Die dreizehn Gebote der Kriegskunst", hrsg. von G. Maschke, München 1972. Sun Tze ist ein chinesischer Kondottiere und Feldherr aus der Zeit der Hegemoniekriege und soll zwischen 512 und 506 v. Chr. gewirkt haben.

(2) Sigmund Freud, "Drei Abhandlungen zur Sexualtheorie" (1905), in: G.W., V, S.120

(3) Umfrage von G. Sitbon, "Le Nouvel Observateur", 18. August 1975

(4) Sigmund Freud, "Einige psychische Folgen des anatomischen Geschlechtsunterschiedes" (1925), in: G.W., XIV, S.130

(5) Platon, "Symposion", 201d-207a

(6) Platon, "Apologie (Des Sokrates Verteidigung)"

(7) In dieser Hinsicht besteht völlige Übereinstimmung zwischen der platonischen Theorie der Liebe und beispielsweise dem Reich'schen Sexualitätsbegriff ("Die Funktion des Orgasmus", Frankfurt 1975, Fischerbücherei)

(8) Marcel Detienne, "En Grèce archaique: géometrie, politique et société", in: Annales. Economies, sociétés, civilisations, 20/3 (Mai-Juni 1965)

(9) Hélène Cixous, "Sorties", in: H. Cixous/C. Clément, "La jeune née", Paris 1975

(10) Nach einem Ausdruck von Marx (vgl. "Das Kapital", Kapitel III, VII, XXV), der zum Beispiel gegen die Eliminierung von Mutter Natur als Quelle des materiellen Reichtums in bestimmten Interpretationen seiner Theorie des Arbeitswerts polemisiert. Vgl. "Das Kapital", Bd. 1, Kapitel I, und "Kritik des Gothaer Programms" (Lyotard hat wohl die folgende Passage im Auge: "Die Gebrauchswerte

Rock, Leinwand usw., kurz die Warenkörper, sind Verbindungen von zwei Elementen, Naturstoff und Arbeit. Zieht man die Gesamtsumme aller verschiedenen nützlichen Arbeiten ab, die in Rock, Leinwand usw. stecken, so bleibt stets ein materielles Substrat zurück, das ohne Zutun des Menschen von Natur vorhanden ist...Die Arbeit ist also nicht die einzige Quelle der von ihr produzierten Gebrauchswerte, des stofflichen Reichtums. Die Arbeit ist sein Vater, wie William Petty sagt, und die Erde seine Mutter." MEW 23, S. 57f. Zusatz des Übersetzers).

(11) Ilza Veith, "Hysteria, the History of a Disease", University of Chicago Press 1965
(12) Umfrage von G. Sitbon, a.a.O.
(13) Pierre Klossowski hat auf dieses Thema im Oeuvre von de Sade hingewiesen. Vgl. "Sade mon prochain", Paris 1967; "La Monnaie Vivante" (zus. mit P. Zucca), Paris 1970
(14) Sigmund Freud, "Drei Abhandlungen zur Sexualtheorie", a.a.O.
(15) vgl. E.R. Dodds, "The Greek and the Irrational", University of California Press 1959
(16) J.-P. Vernant, "Les Origines de la Pensée grecque", Paris 1962; M. Ausin/P. Vidal-Naquet, "Economies et sociétés en Grèce ancienne", Paris 1972
(17) P. Lévêque/P. Vidal-Naquet, "Clisthène l'Athénien", Paris 1964
(18) Luce Irigaray, "Speculum. De l'autre femme", Paris 1974; "Waren, Körper, Sprache. Der verrückte Diskurs der Frauen", Berlin 1976 (IMD 62), "Frauen, Unbewußtes, Psychoanalyse", Berlin 1977 (IMD 66)
(19) Es wird Eubilides von Megara, einem Zeitgenossen Aristoteles', zugeschrieben und lautet in

Ciceros Formulierung: "Wenn du sagst, daß du lügst, und du sagst die Wahrheit, dann lügst du." (Cicero, Lehre der Akademie, Zweites Buch, § 95)
Eine Formulierung, die metalogischen Reduktionsversuchen noch größeren Widerstand entgegensetzt, ist: "Ich lüge", "I am lying".

ÜBER DIE STÄRKE DER SCHWACHEN

Korax

Anlaß zu dieser Überschrift gibt eine - immer noch
aktuelle - alte Entrüstung, die Entrüstung der "Freunde der Weisheit" über die Künstler der Rede. Zunächst
Platon, der Sokrates die Aufzählung der großen Redner der Zeit in den Mund legt, um dann ihre Kunst
zu kritisieren, der Teisias und Gorgias vor Gericht
zitiert. Man darf sie nicht aus den Augen verlieren,
sagt er, sie, "die entdeckt haben, daß man das Scheinbare höher schätzen müsse als das Wahre, und die
machen, daß das Kleine groß und das Große klein
erscheint durch die Gewalt der Rede (romè
logou)." (Phaidros 267a, zit. nach der Übersetzung von R. Rufener).
Und dann Aristoteles: er identifiziert das kleine Dispositiv, von dem Platon spricht, als einen der Gemeinplätze, die man in allen Arten der Rede
antrifft (in der politischen, juristischen, erbaulichen);
es handelt sich um den Trick mit der Größe: was
klein ist, wird vergrößert, was groß ist, wird verkleinert. Das gehört zum Redekrieg. Aristoteles regt
sich über ein anderes, allerdings ähnliches Verfahren auf, das Korax zugeschrieben wird, der der Lehrer von Gorgias war und einer der Begründer der Redekunst in Sizilien. - Man wirft meinem Klienten vor,
er sei gegen jemanden tätlich geworden. Aber schaut
doch hin, wie schwach und schmächtig er ist; ist es
nicht ganz unwahrscheinlich, daß er es war? - Das
geht in Ordnung, sagt Aristoteles, der Beweis stützt
sich auf eine reale Wahrscheinlichkeit. Wenn aber
Korax' Klient ein kräftiger Kerl ist, führt der Anwalt folgendes Argument ins Feld: Seht her, was für
ein Mordskerl das ist, hat seine Stärke ihn nicht

schon im voraus verraten? Glaubt ihr im Ernst, daß
mein Klient in diese Falle ging? Er konnte sich doch
ausrechnen, daß man ihn höchstwahrscheinlich ankla-
gen würde, und vermied deshalb jedwede Tätlichkeit.
Und darum ist er unschuldig.

Korax schämt sich nicht, versichert Aristoteles, zwei
Arten von Wahrscheinlichkeit miteinander zu vermen-
gen, das absolut Wahrscheinliche und das nicht-absolut
Wahrscheinliche. Bei jenem, von dem im zweiten Fall
die Rede ist, handelt es sich nur um ein relatives,
singuläres, auf einen einzelnen Fall bezogenes Wahr-
scheinliches. Und der Philosoph fährt fort: "Das hieße
**das schwächste Argument zum stärksten
machen.** Man war ganz im Recht, sich darüber zu
empören, was Protagoras behauptete, denn das ist
Falschheit, Wahrscheinlichkeit des reinen Scheins, ohne jede Wahrheit - in keiner Kunst verbreitet außer
der Rhetorik und Eristik ".*(Rhetorik 1402a 24-28)

Korax' technè besteht also in einer - allerdings auf
die Spitze getriebenen - Verstärkerfigur; sie wird an
einem Punkt eingesetzt, wo sie über das, was erlaubt
ist, hinausgeht und von selbst aufhört, eine technè
zu sein - im Spiel mit den Wahrscheinlichkeiten. Im
Bereich des Wahrscheinlichen zu sein, ist nicht weiter bemerkenswert, das ist die Position der Redekunst und der Lebensklugheit im Gegensatz zu der des
Wissens und der Wissenschaft, die mit dem Wahren
zu tun haben. Aber selbst in der Rhetorik des Wahrscheinlichen muß man zwischen dem Reinen und dem
Unreinen, dem Absoluten und dem Relativen, dem
An-sich und dem Einzelnen unterscheiden, wie im
übrigen auch in der Dialektik. Man macht denselben

*Eristikè technè: die Kunst des Streitens oder Dispu-
tierens. Eristiker wurden nach Diogenes Laërtius (II 106)
die Schüler des Eukleides von Megara (um 400 v. Chr.)
wegen ihrer Neigung zum Wortstreit genannt. (A.d.Ü.)

Fehler, versichert Aristoteles, wenn man in der Dialektik sagt, daß es ein Sein des Nichtseins gäbe - unter dem Vorwand, daß das Nichtsein **Nichtsein ist**; oder daß das Unerkennbare erkennbar sei, weil man es als etwas Unerkennbares **erkennt** (Rhetorik 1402a 3-6): in ein und demselben Gebrauch vermengt man den Term, der an sich gilt, mit jenem, der in einer einzelnen Beziehung mit einem anderen Term steht. In diesem Fall: **mit sich selbst**.

Wogegen erheben die Freunde der Weisheit Einspruch? Gegen eine logische List, die zugleich auch moralisch, politisch und ökonomisch ist. Sie besteht ganz einfach darin, das, was sich als das Absolute, als das letzte Wort ausgibt, in **Beziehung mit sich selbst** zu setzen; es also zur Menge der relativen, einzelnen Dinge zu zählen. Wenn das Wahrscheinliche dem Richter als Kriterium dienen kann, um ein Urteil zu fällen, warum sollte sich dann der Angeklagte nicht der Wahrscheinlichkeit dieses Gebrauchs des Wahrscheinlichen für seine Zwecke bedienen können? Warum sollte die verdoppelte Wahrscheinlichkeit, die auf sich selbst bezogen ist und weiß, wie raffiniert sie ist, weniger vornehm und weniger gültig sein als die "reine" Wahrscheinlichkeit? Aristoteles ahnt, daß hier, dem schwächsten Angeklagten zur Hand, das Prinzip einer beunruhigenden Kraft liegt: die **Potenzierung** des Wahrscheinlichen (hoch zwei, hoch drei,...). Sie ermöglicht die Retorsion aller Argumente (logos), die zur Ordnung des Wahrscheinlichen gehören. Und beunruhigend ist dieses Prinzip deshalb, weil eine "höhere" Potenz des Wahrscheinlichen ($n + 1$ im Vergleich zu n) deswegen um kein Deut stärker, überzeugender oder "wahrer" ist. Auf diesem Gebiet gibt es also kein letztes Wort, kein Kriterium an sich, keinen Richter und keinen Herrn. Das Relative, das Einzel-

ne kann stärker sein als das Absolute, als das, was
Anspruch auf Absolutheit erhebt.

Hipparchia

Das Feld dieser alten, stets aktuellen Schlacht liegt
nicht nur auf den Oberflächen der Sprache, sondern
zugleich auf denen der lebenden Körper, der politischen Gesellschaften, der ökonomischen Gemeinschaften, der Alters- und Geschlechtsklassen. Überall versuchen die Freunde der Weisheit, Platon, Aristoteles,
Herrschaftsverhältnisse zu errichten, ein nicht-refe-
rierbares Referential zu etablieren, einen Term zu
bestimmen, der nicht bezogen ist und alle Beziehungen
beherrscht. Die Schwachen dagegen lösen unaufhörlich
diese Hierarchien auf.
Die vornehme Definition des Redners in der Zeit des
athenischen Imperialismus: er ist athenischer Bürger
und Sohn athenischer Eltern, der vom Pachtzins seines Landbesitzes lebt, männlich ist, attisch spricht,
die staatlichen Gottesdienste achtet, Waffen trägt.
Schaut man hin, woraus sich die Partei der Schwachen zusammensetzt, über die eine ganze Tradition,
die von der Akademie und dem Gymnasium über
die thomistische Schule bis zur Universität von
heute reicht, hochmütig lächelte - dann entdeckt man
folgendes: die ersten Sophisten und die Kyniker stam-
men fast ausschließlich aus Kleinasien und Sizilien;
die großen Gegner des platonischen und aristotelischen
Sokratismus, die Freunde der Paradoxa, kommen aus
der Provinz, aus Megara, einer Stadt, die an Athen
Tribut entrichten mußte; unter den Kynikern ist eine
Frau, Hipparchia, Gefährtin von Krates, die ebenso
wie er öffentlich ihre Kunst zeigt; die Sophisten sind
Nomaden, flying professors, die von einer Stadt
zur anderen ziehen, um ihre Lehren und Vorträge

zu verkaufen - Gorgias und Protagoras sollen, wie
ihre Gegner berichten, sehr teuer gewesen sein, man
wirft ihnen vor, aus dem Handel mit Worten ein Ver-
mögen gemacht zu haben; die Kyniker dagegen sind
die Armut selbst, aber deswegen nicht weniger verdächtig; es heißt, daß Diogenes aus Sinope, seiner
Geburtsstadt, vertrieben wurde, weil er Falschgeld
herstellte; der Doxograph fand die bemerkenswerte
Wendung: Diogenes fälscht Sitten wie Geld (Diogenes
Laërtius, Leben und Meinungen berühmter Philosophen, IV,20). Noch schlimmer, diese frivolen Redner,
die das Griechisch der Herren radebrechen mit ihrem
Metöken-Akzent, scheuen sich nicht, ihre "Körper"
sprechen zu lassen, und zwar ganz anders, als die
Regeln des sportlichen oder kriegerischen Wettkampfs
vorschrieben: durch Furzen und Rülpsen zum Beispiel.
Die Universität (man muß Carl Prantls 1855 erschie-
nene "Geschichte der Logik" lesen, Festugière's
"Antisthenica" in der Revue des Sciences philosophi-
ques et théologiques XXI, 1932, oder jene kleine Notiz von J. Tricot zur Metaphysik 1024b 33: "Aristoteles spricht selten und ohne Wohlwollen über Antisthenes, vielleicht weil er nothos war, d.h. von
einer Fremden geboren wurde und seine Kundschaft
aus dem Pöbel stammte". Das reicht.), die Universität fabriziert aus diesen Peinlichkeiten geradezu
ein klinisches Tableau des schwachsinnigen Diskurses: er ist käuflich, verweiblicht, hysterisch, er ist
der Diskurs der Ausländer. Sie hat recht: all diese
Erscheinungen sprechen gegen sie, gegen die Existenz
eines irrelativen Ortes, wo jeder seinen Diskurs halten kann. Man sollte sich stets daran erinnern: sie
mag ihnen durchaus das Wort erteilen, ihre "Thesen"
diskutieren, sie in die Falle des Rituals des Dialogs
locken, die Natur des letzten Worts also in der Schwe-

be lassen; trotzdem wirft sie sich als der Ort auf,
wo diese Frage gestellt werden muß, als der letzte Ort der Wörter also, sozusagen als ihr Ort
par excellence (genau im aristotelischen Sinn).

Aber die Frechheiten dieser verrückten Kyniker, unzivilisierten Megariker und sophistischen Clowns
werden keine Schule bilden, diesen Ort also nicht
betreten; man schließt sie aus, man hält sie draußen -
wie die Sklaven, die Frauen, die Barbaren, die Kinder, die vom Bürgerrecht, dem Griechentum, der
männlichen Homosexualität ausgeschlossen sind. Aber
für sie ist dieses Außen kein Außen, weil das letzte Wort, der letzte Ort, das höchste Referential, das
Absolute - kein Ausgangs- oder Endpunkt sind. Für
sie gibt es kein Außen, weil es kein Innen, kein
An-sich gibt: das An-sich als vermeintliche Innerlichkeit fällt unmittelbar in die Äußerlichkeit. Es gibt
nur Äußerlichkeit. Oder besser: es gibt Äußerlichkeit.
Man kann auch sagen: es gibt nur die Minderheit, es
gibt Minderheiten. Ein Mensch - das ist eine komplexe Oberfläche, die aus einer Unzahl kleiner, minderer Bewegungen besteht; gleiches gilt für einen
vermeintlichen (Allgemein-)Begriff, für eine vermeintliche Prädikation (Kopula). Minderheiten ohne
Mehrheit: jede Autorität ist usurpiert und rührt, wie
Nietzsche sagt, von einer sonderbaren Krankheit her,
vom Glauben, daß es irgendetwas zu heilen gibt. Dekadenz ist nicht die Vervielfachung oder Vermehrung
von Minderheiten, wie der Standpunkt des letzten
Worts nahelegt; Dekadenz ist die Autorität, die dieser Standpunkt ausübt. Das vermeintliche Heilmittel
ist die Krankheit.
Es handelt sich nicht darum, die Ränder und die Randgänger als Gegenwerte auszurufen. Wie die minderen

Griechen sagen (oder Rabelais, mit dem die Sophistik
großartig wiederauflebt), gibt es überhaupt keinen
Rand. Nur das IMPERIUM, das seine Grenzen, seinen
Saum, seine Marken reflektiert, spricht von den Rändern: von Regionen, die erobert werden müssen.

Protagoras

Protagoras fordert Honorar von Euathlos, seinem
Schüler. Dieser weigert sich zu zahlen: "Ich habe
bis jetzt noch keinen einzigen Prozeß gewonnen mit
deiner Hilfe!" - Protagoras' Antwort: "Ich muß das
Geld auf jeden Fall erhalten; denn siege ich, so gehört es mir, eben weil ich gesiegt habe; siegst aber
du, dann deshalb, weil du gesiegt hast." (Diogenes
Laërtius, IX, 55) Von welchem Sieg ist hier die Rede?
Logische Analyse: Zwischen dem Sophisten und Euathlos gibt es ein Gesetz, eine Abmachung, die besagt,
daß für jeden Sieg, den er dank Protagoras erringt,
dieser auch bezahlt wird. Der Schüler sagt: es hat
keinen Sieg gegeben, also muß ich auch nicht bezahlen. Protagoras antwortet: Oh verzeih mir, es wird
zwangsläufig einen Sieg geben (egō mèn an nikēsō, (...) ean dè su (...)), denn zwischen uns
gibt es im Augenblick einen Streit um die Frage meines Honorars, und einer von uns beiden wird gewinnen. Was zwischen uns vereinbart worden ist, gilt
auch für diese Auseinandersetzung. Gewinne ich, dann ist das mein Verdienst, und wenn
du gewinnst, dann auch. Ich habe also ein Recht auf
Bezahlung. (Cicero legt Protagoras' Argumentation
Karneades in den Mund, vgl. Lehre der Akademie,
Buch II § 98)
Der Witz des Paradox besteht in der Inklusion des
Konflikts zwischen Lehrer und Schüler in die Klas-

se der äußeren und niedrigen Konflikte, auf die
der Lehrer den Schüler vorbereitet. Oder auch: in
der Zusammenziehung (Juxtaposition) eines Schülers
und eines Gegners im Namen Euathlos; dieser bezahlt, wenn er verliert - wie jeder Gegner; aber wenn
er gewinnt, muß er auch bezahlen - in seiner Eigenschaft als Schüler.
Erste Beobachtung: die Beziehung Lehrer/Schüler
wird nicht isoliert, nichts schützt sie vor kommerziellen Verhältnissen, vor Vertragsverhältnissen.
Das genügt, damit sich weder eine SCHULE noch
Schüler bilden können. Denn Schüler, Nachfolger,
Diszipel etc. sind Geister, die vor Mißerfolgen geschützt sind, die sich in der Nähe des letzten Worts
aufhalten, unter der Protektion eines Lehrers stehen.
Hier verhindert der Mißerfolg die Disziplin.
Protagoras' Unverschämtheit verweist auf einen spezifisch logischen Sachverhalt, den man in ausgearbeiteter Form bei den Megarikern und den frühen
Stoikern wiederfindet: der Schüler Euathlos ist
ein Diskursobjekt, der Gegner Euathlos ist ein
anderes Diskursobjekt, und deshalb ist es keineswegs ein Widerspruch, diesen zu bezahlen zu lassen
und jenen bezahlen zu lassen. Ein Paradox liegt hier
nur in den Augen einer Meinung vor, der der Lehrer,
die will, daß es eine Identität von Euathlos gibt, die
von den jeweiligen Umständen unabhängig ist, oder
der zumindest gewisse Prädikate (wie zum Beispiel
Schüler) wesentlich und andere zufällig sind (wie
Gegner). Das Paradox des Protagoras sagt einfach:
es gibt klein bleibendes Subjekt hinter den "Prädikaten", die man an ihm beobachten kann, und es gibt
keine Prädikate, die wichtiger sind als andere, es
gibt ebensoviele qualifizierte Subjekte wie Situationen. Eine Zerstörung also der Absoluta, der Substanzen; eine Einschätzung, die fallweise vorgeht, ei-

ne Ablehnung jedweder Prädikationslogik.
Noch etwas ist bemerkenswert an dieser Angelegenheit: Protagoras' Humor ist der des Merkantilismus, vor dem die griechischen Konservativen, angefangen bei Platon, so große Angst hatten. Ihr könnt dem allgemeinen Tausch der Werte nicht entkommen, nicht nur, weil ihr verloren habt, selbst dafür, daß ihr gewonnen habt, werdet ihr zu zahlen haben. Zirkularität des Kapitals.
Und schließlich wird durch das Paradox aufs stärkste die Vorstellung und Praxis der Zeit als Diachronie erschüttert: eins nach dem anderen. Denn Protagoras' Antwort auf Euathlos' Einwand nimmt den Ausgang der Auseinandersetzung vorweg und schließt das künftige Ergebnis in die aktuelle Entscheidung ein: du kannst mich sofort bezahlen, denn ich gewinne, egal wie's ausgeht. Der Schwache, der Unterdrückte kann mit dieser Figur erstaunliche Ergebnisse erzielen.

Man mag einwenden: es ist nicht gerade Protagoras, der in dieser Situation der Unterdrückte ist. - Oder vielleicht doch? Wahrscheinlich ist Euathlos ein Sohn aus einer der reichen Familien, die ihre Einkünfte aus Ländereien oder aus dem Schiffsbau beziehen. Protagoras hat nur seine Siege in der Rhetorik zum Leben. Er ist ein Künstler, nicht einmal ein Lohnabhängiger.

Eubilides

Von Anfang an sprachen wir nur von einer einzigen Kraft: von der Kraft, das Gesetz, das auf den Schwachen lastet, in die Totalität, die von ihm beherrscht wird, einzuschließen, und von den Wirkungen, die sich daraus ergeben. Eine ganz kleine Kraft, die kaum verdient, besonders hervorgehoben zu werden. Die techne dieser Einschließung (Inklusion) zeigt das Paradox des LÜGNERS, das Eubilides von Megara zugeschrieben und von Cicero in folgender Fassung überliefert wird: "Wenn du sagst, daß du lügst, und du die Wahrheit sagst, dann lügst du." (Lehre der Akademie, Buch II, § 95) Die Fortsetzung des Arguments lautet: "Wenn du aber sagst, daß du lügst, und du lügst, dann sagst du die Wahrheit, usw.".

Auch hier wieder Proteste der Doktoren, die sich befleißigen, dieses kleine teuflische Dispotiv zu widerlegen. Von diesen Minenentschärfern ist Bertrand Russell einer der sympathischsten, er verbirgt sein Spiel nicht hinter metaphysischen Erwägungen (und das nicht ohne Grund), und seine Widerlegung stellt sich fast unverblümt als das dar, was sie zwangsläufig sein muß: eine Entscheidung. Man weiß, daß sie darin besteht zu sagen: unterscheiden wir zwischen Aussagen erster Ordnung, die sich auf beliebige Gegenstände beziehen, und Aussagen zweiter Ordnung, die sich auf Gesamtheiten von Aussagen erster Ordnung beziehen. Eubilides' Paradox "wenn du sagst, daß du lügst, und du die Wahrheit sagst" muß in eine Aussage erster Ordnung: **ich lüge** und in eine Aussage zweiter Ordnung: **ich sage die Wahrheit, daß** zerlegt werden. Letzere bezieht sich auf die Gesamtheit, die aus der Aussage erster Ordnung gebildet ist, welchen Wert man auch immer ihrer Aussagenvariablen zuordnen mag (ich lüge, wenn ich dies sage, wenn ich jenes sage usw.).

Will man dem Schwindel, den dieses Paradox erzeugt, ein Ende setzen, dann muß man, sagt Russell, als Grundsatz aufstellen, daß die Klasse der Aussagen zweiter Ordnung nicht Teil der Klasse der Aussagen erster Ordnung ist, daß also der Wahrheitswert dieser (der falsche: **ich lüge**) nicht den Wahrheitswert jener (der wahre: **ich sage die Wahrheit** daß) modifizieren kann. Auf diese Weise rettet man zugleich die Möglichkeit der Widerspruchsfreiheit und der Mathematik (es war die Zeit der Principia Mathematica) und entspricht den Erwartungen des "logical common sense" (vgl. Bertrand Russell, Philosophie. Die Entwicklung meines Denkens, München 1973, Kapitel VII).

Deutlicher könnte man nicht aussprechen, daß die Nichtinklusion der Aussagen erster Ordnung in die Menge der Aussagen zweiter Ordnung auf einer **Festsetzung** beruht. Man kann sie nicht beweisen; denn um diesen Beweis durchzuführen, müßte man von eben dieser Nichtinklusion Gebrauch machen. Diese Festsetzung ist also nicht logischer Natur. Als Schüler Eubilides' etwa könnte man fragen: zu welchem Aussagetyp gehört **e**igentlich Russels Aussage? Sie bezieht sich auf jene Gesamtheit, die aus der Beziehung (welches auch immer die Aussagenvariable sein mag) zwischen Aussagen erster Ordnung und Aussagen zweiter Ordnung gebildet ist; sie hat also die Eigenschaften von Aussagen zweiter Ordnung, da sie einen Wahrheitswert für die Menge der Aussagenvariablen einer Aussage angibt. Wenn aber diese letzte Aussage selber eine Aussage zweiter Ordnung ist, würde Russells Aussage zur Klasse der Aussagen gehören, deren Referenz sie bildet: und gerade diesen Fall wollte er verbieten. Um einen solchen Schluß zu vermeiden, müßte man ein Prinzip höherer Ordnung einführen, das Aussagen dritter Ordnung (Russells Aussagen) postuliert, die von denen zweiter Ordnung verschieden sind: ein unendlicher Progreß.

In gewisser Hinsicht ist das alles nur halb so schlimm. Man stellt einfach ein Meta-Axiom auf, um diese Progression zu stoppen, und gibt damit ganz offen zu, daß Wahrheitswerte nur unter der Voraussetzung dieses Axioms **fixiert** werden können. Aber in anderer

Hinsicht ist das schlimm genug: denn gerade dieser
Formalismus, die Künstlichkeit dieser Konstruktion
verbergen die Doktoren. Wo bleibt ihre Autorität, wenn
sie nicht eine Ordnung, die ihr vorausgesetzt ist, zum
Vorbild hat, wenn sie sich einfach selbst ernennt?
Was macht Russells Entscheidung gültiger als die
eines x-beliebigen Lügner? Eine Autorität, die ausschließlich moralischer und politischer Natur ist:
sie bewahrten uns vor dem Schlimmsten, sagen die Lehrer. Aber wer anders als sie behauptet, daß das
Schlimmste das Fehlen einer arché, die "Anarchie"
ist?
Vor Eubilides vertrat Protagoras, daß jede Vorstellung (phantasma) wahr ist (Sextus Empiricus, Adversus mathematicos, I, 389). Vor Russell hat ihn
Platon folgendermaßen widerlegt: Wenn Protagoras
recht hat, dann muß auch die Aussage "keine Vorstellung ist wahr" wahr sein, da sie selber eine Vorstellung ist. Und Platon folgerte: "die Aussage 'jede
Vorstellung ist wahr' muß also falsch sein." Umfunktionierung des Paradox der Schwachen durch einen Herrn. Aber der Herr hat verkehrt geschlossen.
Denn die Inklusion der Klasse aller Klassen in die
letzteren, die Platon gegen Protagoras vertritt, kehrt
sich gegen seinen eigenen Schluß: wenn es falsch ist,
daß jede Vorstellung wahr ist, wie kann man dann
wissen, ob Platons Aussage wahr oder falsch ist? In
Wahrheit (!) ist die Aussage, die man Protagoras zuschreibt, so zu verstehen: die Wahrheit hat kein Gegenteil. Was auch Antisthenes sagen wird.

Kynika

Der Körper kann sich in den Diskurs der Herren einschleichen, und lachen und uns zum Lachen bringen.
Aber gewiß nicht der Herrenkörper oder der der Gym-

nasten. Man sieht sogleich, daß 'Körper', wie alle
Wörter, ein schlechtes Wort ist; es kann leicht von
einer Partei zur anderen und von dort zu einer dritten springen. Welche Art von Körper also? Offensichtlich die Körper der Schwächen.
Diogenes Laërtius (VI, 94) erzählt die Geschichte
von der Bekehrung eines Schülers, Metrokles, aus
der Schule der Aristoteliker. Eines Tages, als er
sich nicht wohl fühlt, geht ihm mitten in einem philosophischen Disput ein Wind ab. Verschüchtert
läuft er nach Hause und beschließt, sich durch Hunger das Leben zu nehmen. Krates, ein Kyniker, hört
von diesem Vorfall, nimmt schnell eine große Portion Bohnen zu sich, sucht den Kranken auf und gibt
ihm zu verstehen, daß gerade nicht zu furzen - da
gegen die Natur gerichtet - beschämend sei. (Hier
sieht man, was "Natur" sein kann.) Und dann fängt
er an, mit ihm um die Wette zu furzen. Metrokles
ist geheilt, geheilt von der Krankheit, sich krank zu
fühlen, wenn sein Körper während eines hohen Diskurses Aufsehen erregt, und wird Kyniker.
Wenn man jemanden um etwas bittet, ist es üblich,
die Hände auf dessen Knie zu legen. In dieser Absicht geht Krates eines Tages auf seinen Turnlehrer
zu, und umschlingt dessen Hintern. Dieser ist empört. "Weshalb?" fragt ihn Krates, "gehört dir dein
Hintern nicht ebenso wie deine Knie?" Man hat richtig gelesen:ein Turnlehrer(Diogenes Laërtius,VI, 89).

Hipparchia,(Diogenes Laërtius, VI, 96f.) die Schwester des bekehrten Metrokles, verliebt sich in Krates. Ihre Eltern sind untröstlich und rufen Krates
herbei, damit er sie von der Heirat abbringe Es gelingt ihm nicht, er erhebt sich, entkleidet sich vor
ihr (und ich vermute auch vor den Eltern), und sagt:
"Hier steht dein Bräutigam, das ist seine Habe."Hipparchia ist entzückt, die beiden vögeln in aller Öffentlichkeit.

Diogenes ißt auf dem Markt, zu aller Entsetzen. Seine Widerlegung des Skandals: "Wenn nichts dabei ist zu essen, dann ist auch nichts dabei, auf dem Markt zu essen; nun ist aber nichts dabei zu essen, folglich ist auch nichts dabei auf dem Markt zu essen." Er masturbiert öffentlich, seine einzige Entschuldigung: "Oh, wenn man doch bloß durch Reiben des Bauches auch den Hunger vertreiben könnte!" (Diogenes Laërtius, VI, 69). Das sind Schliche eines Armen. Aber diese Armut entdeckt elementare Synthesen, mit denen der allzu reiche Diskurs nicht fertig wird. Im Syllogismus vom Essen auf der Straße erkennt man dieselbe hypothetische und deiktische Form, die die Megariker und später die Stoiker entwickelt haben. Der Gebrauch der Deixis im Untersatz, er ist oft verhüllt (nun ist aber nichts dabei zu essen; jetzt wird es aber Tag, usw.), bringt den Körper, die Empfindungen ins Spiel: gerade jetzt wo ich spreche, habe ich Hunger. Eine Synthese von sprechendem und bedürftigen Subjekt, die die Herren verhindern oder nur dann zulassen wollen, wenn sie durch sie selbst vermittelt ist: wer Hunger hat, schweigt; wer spricht, hat keinen Hunger, und wir allein, die Herren, können in einer hierarchischen Gesellschaft und in einem hierarchisierten Körper beides zusammen realisieren.

Eine andere arme Synthese in dieser schwachen Philosophie: als einer den Nachweis erbringen will, daß es keine Bewegung gibt, steht Diogenes auf und läuft davon (Diogenes Laërtius, VI). Ist das eine Widerlegung des eleatischen Paradoxes von Achilles und dem Pfeil? Weniger eine Widerlegung als eine Verschiebung des Problems: Bewegung, die Synthese par excellence, hat nichts mit dem Begriff zu tun, sie ist unbegreiflich, sie ist eine Sache des Willens. Dieser kynische Körper organisiert Perspektiven, darin besteht seine armselige Kraft, und

so entwischt er der Mimesis, dem Gesetz der Herren. Er kehrt den Tiermaschinen und den Automaten - unterworfenen Körpern, von denen die Herren träumen - den Rücken.
Die Stärke der Schwachen rührt also nicht daher, daß sie ihren Körper als Eigentum oder zweckdienliches Instrument ins Spiel bringen; im Gegenteil, die Herren glauben, der Körper sei eine beherrschbare Maschine, und deshalb zögern sie nicht, seine Enteignung soweit wie möglich zu treiben, um seine Unterwerfung zu erzwingen. Sie foltern ihn, sie amputieren ihn, demütigen ihn in der Erotik, schinden ihn in Arbeits- und Totenlagern. In der Schwächung, der sie ihn aussetzen, wird am Rande des Todes ein Körper sichtbar, der zu nichts zu gebrauchen ist, aus losen Teilen von winzigen, ephemeren Synthesen besteht, die jedoch ausreichen zu zeigen, daß die Macht der Vereinheitlichung sich nicht durch sie vollzieht, daß sie diese usurpieren.
Nichts anderes sagt Diogenes, wenn er als Gefangener der Seeräuber auf einem Sklavenmarkt auf Kreta versteigert wird. Als der Herold ihm zuruft, "Und du, Diogenes, worauf verstehst du dich?", erwidert er: "Aufs Befehlen! Verkauf mich an Xeniades, er braucht einen Herrn." (Diogenes Laërtius, VI, 74) Die Verwendungslosigkeit des Körpers hat dieselbe Wirkung wie der Diskurs des Redners oder das pharmakon*eines Gorgias (Diels 82 B 10, 14): sie machen stark, was schwach ist.
In seiner Erfahrung von décadence und Krankheit (Ecce homo , I, 1) verließ sich Nietzsche auf nichts anderes als die Macht, in geistigen Dingen höchste

---
*Ambiguität und Polyvalenz von pharmakon können im Deutschen nicht durch ein Wort wiedergegeben werden. Es bedeutet zugleich: Gift, Droge, Heilmittel, Arznei, Zaubertrank...(A.d.Ü.)

Empfindlichkeit, äußerste Klarsicht, ein wahres Fingerspitzengefühl zu erlangen, obwohl Migräne, Übelkeit und Augenleiden den Organismus schwächen und ihn des Lebens überdrüssig machen. Die Gesundheit behauptet sich in der Krankheit, aber nicht als Wunsch nach Genesung oder Verlangen nach Sicherheit, nicht als Besserung; was man gemeinhin für eine Schwächung der natürlichen Lebenskraft hält, gibt den Blick frei für Kräfte und Perspektiven, die von den lärmenden Erfolgen des Organismus verdeckt werden.

Poros

Vielleicht hat jenes Auftreten des schwachen Körpers inmitten der glatten und harten Muskeln der männlichen Homosexuellen (sie sind das Ideal des Gemeinwesens der Herren und Diogenes macht sich fortwährend über sie lustig), vielleicht hat das in der Tat etwas mit der Dekadenz zu tun, oder genauer: mit dem Auftauchen des Weiblichen - dessen, was in der politischen Gesellschaft, der der Männer, mißlungen ist. Der weibliche Humor gegenüber der Politik, den Staatsgeschäften, der öffentlichen Verehrung der Götter, gegenüber dem männlichen Bestreben, über der Schwäche der kleinen Leidenschaften eine starke Geschichte, einen starken Sinn zu konstruieren - diesen Humor nennen die Männer, die ihren Geschäften nachgehen, verächtlich die Unfähigkeit und Dummheit der Frauen. Wenn er unter tausend verschiedenen Formen im Leben der Polis wiederkehrt, in der Kunst der Verführung durch die Rede, der Poesie, der Rhetorik, in fabulösen Theologien, die die Scheinheiligkeit und Perversität der Götter rühmen, Schauspielen, die nicht länger die Leidenschaftslosigkeit, sondern das Pathos der Götter feiern - dann beschwören die Bürger die Dekadenz der Sitten und ersinnen Gesetze, Systeme und

Utopien - lauter Heilmittel, um dieser Wiederkehr Einhalt zu gebieten.

Die Heilmittel folgen alle demselben Schema: es gibt ein Nicht-Sein, der Sinn ist abwesend, bereiten wir seine Ankunft vor. Was soviel heißt wie: wir sind im Aufruhr der Krankheit, erobern wir die Fülle der Gesundheit. Zwei einfache Beispiele für dieses nihilistische Erbe im Kampf gegen den Nihilismus:die Funktion, die man dem Tod in der Liebe und im Hinblick auf die Macht des Wortes zuschreibt.

In der Geschichte von der Geburt des Eros, die Platon erzählt (Symposion 203ff), sind die Eigenschaften, die Eros von seiten seines Vaters zukommen, besonders beachtenswert. Poros ist das Gegenteil der Aporie, ist Übergang, Mittel, Ausweg, "man findet immer Mittel und Wege". Mit welchen Attributen ist sein Sohn, die Liebe, ausgestattet? Epiboulos, ein Wilderer, der dem Guten und Schönen nachstellt, andreios, mutig, itès, kühn, draufgängerisch, syntonos, gespannt, ungestüm, théreutès, ein Jäger, der immer irgendwelche Machenschaften im Sinne hat (tinas mèchanas), phronèséôs épithymètès kai porimos, wißbegierig und äusserst gewandt, sein ganzes Leben hindurch philosophierend, deinos goès, ein gefährlicher Zauberer, kai pharmakeus, ein gewaltiger Giftmischer, kai sophistès, ein gewaltiger Sophist. Und Platon fügt hinzu: er lebt, er stirbt an ein und demselben Tag und lebt wieder auf, wenn ein Trick gezogen hat.

Unsere Freunde der métis* erstellen besser als jemand anders das Verzeichnis des semantischen Feldes, das von diesen Wörtern umgrenzt wird. Daran muß man festhalten: die Liebe ist sophistisch, sie bewegt sich in einem Raum der Jagd und der Verfolgung, nicht der Seßhaftigkeit, einer Zeit der Metamorphosen, nicht der Kontinuitäten, und ihre Lo-
*Weisheit, Klugheit (A.d.Ü.)

89

gik ist die der Paradoxa und Machinationen, nicht
der Gründe; Umsicht und Kühnheit treten an die Stelle der Moral; wie Nietzsche,ist er in der ärgsten
Krankheit höchst lebendig, darauf beruht seine "Heilkunst", die Pharmazie des Phönix. So skizziert ist
der Eros das Gegenteil eines Herrn, ist er der Vetter der Sophisten, der Kyniker, der Megariker -
der Kleinen, derjenigen, die in den Tag hinein leben, mit der unerschöpflichen Kraft, der andreia,
der virtù, sich immerfort wenden zu können, (das
Thema der Wendung, der Wendigkeit, der strophé
gehört gleichfalls zu jenem semantischen Feld).

Was fügt der Herr diesem Bild hinzu? Gerade soviel,
wie nötig ist, um es zu entstellen; um nichts anderes
als diese Entstellung handelt es sich in der Ethik, der
Logik und der Politik des Abendlandes seit mehr als
zweitausend Jahren. Platon fügt den Mangel hinzu. Die
Mutter von Eros ist die Bedürftigkeit (Penia), sagt
er, die den Rausch von Poros ausnutzt, um sich ein
Kind machen zu lassen. Im Diskurs der Herren sind
die Frauen der Mangel. Sie sind kleinlich, berechnend,
haben es nur darauf abgesehen, geschwängert zu werden.
Bezeichnend für die Herren ist folgende Vorstellung:
der Sophist, der sich nichts aus Gründen und Zwecken
macht, dessen Leidenschaft nur den Mitteln gilt, und
dessen einzige Stärke - wie die der Schwachen - darin besteht, Fallen zu stellen, wo per definitionem
das Kräfteverhältnis, das ungünstig für ihn ist, umgekehrt werden kann - dennoch, sagen die Freunde
der Weisheit, diesem Narr muß etwas fehlen. Würde sonst nicht er die Weisheit verkörpern? Und das
ist sein Mangel: Platon entdeckt, daß das Verlangen
nach Unsterblichkeit die geheime Kraft der Liebe ist
(ibid. 207a ff); all diese Kunst, diese Techniken, die-

ser Erfindungsreichtum, diese Verzweiflungen und Heiterkeiten, all das muß dem Mangel an Leben, der Todesangst untergeordnet werden; man muß behaupten, daß die Liebe das, was sie liebt, nicht um seiner selbst willen liebt, sondern nur nach Nachkommenschaft strebt, nur Kinder zeugen will, um sich zu verzweigen, d.h. um Unsterblichkeit zu erlangen. Die Philosophenliebe tritt an die Stelle der sophistischen Liebe, Platon folgt auf Protagoras.

Man sieht ab vom Lauf der Leidenschaften, man lokalisiert die Frau im Mangel, durch den man, so heißt es, hindurchgehen muß, um das Wahre zu erlangen, das zeitlos ist. So entsteht die Dialektik, wo der Frau wie dem Sklaven bei Hegel die peinlichen, aber notwendigen Aufgaben in einem Zivilisationsprozeß zukommen, der seinerseits Sache des Herren und des Geistes ist.

Das zweite Beispiel. Protagoras, der manchen in einen Hinterhalt trieb, bezichtigt man der Unfrömmigkeit und der Ungläubigkeit: er wird aus ganz Griechenland verbannt - jedenfalls berichtet das Philostrat. Eusebius zufolge (vgl. Diels, 80B 4) sei es ihm "unmöglich zu wissen, ob die Götter existieren oder nicht und wie man sich ihr Aussehen vorzustellen hätte". Er flieht; man glaubt, daß dieser alte Treiber in seinen letzten Jahren von Stadt zu Stadt getrieben wurde; es ist durchaus möglich, daß man seine Bücher eingezogen und öffentlich verbrannt hat.

Sokrates befindet sich in derselben Situation, auch ihm wirft man vor, gottlos zu sein und die Jugend zu verderben. Aber da er ein Freund der Weisheit ist, verändert sich die Bedeutung des Todes: er wird zum Zeugnis, eine Idee, die Protagoras nie in den Sinn gekommen wäre. Der Sophist stellt sich nicht über die Gesetze der Polis, sondern darunter. Sokrates' Ironie, während des Prozesses eine haarsträubende Pro-

vokation (vgl. Platon, Apologie), beruht darauf, daß
Herren die Meinung verachten. Er bittet nur deshalb
um den Tod, weil er bereits dem Vorurteil
folgt, das später großen Erfolg haben wird: daß um
einer Sache willen sterben deren Wahrheit bezeugt und
und ihre Glaubwürdigkeit stärkt. Man kann sich einen
Sophisten oder Kyniker nicht als Märtyrer vorstellen.
Der Märtyrer sagt: es ist wahr, weil ich dafür
sterbe; meine Wahrheit ist nicht von dieser Welt.
(Nörgler jeglicher Couleur haben allen Ernstes behauptet,
daß der Mai 68 deshalb nicht wahr sein konnte,
weil es keine Toten gab.) Die Herren haben Märtyrer
gern, auch auf der Seite ihrer Gegner. Aber angesichts
Protagoras' Flucht denkt man an die des jungen
Horaz: es geht nicht nur darum, sein Leben zu retten, sondern
um die Möglichkeit, sich und die Verhältnisse
wenden zu können.

MACHT DER SPUREN
ODER ERNST BLOCHS BEITRAG ZU EINER HEIDNISCHEN GESCHICHTE

Einem Jüngling, der Theoriefiktion trieb, war einst im Traum ein Engel erschienen. "Neben wem werde ich dort droben sitzen?" fragte ihn der Träumer. "Du wirst neben Ernst Bloch aus Tübingen sitzen", sagte der Engel und verschwand. Der Knabe machte sich auf die Suche nach diesem Bloch. Man sagt ihm, es sei ein Marxist, ein Chiliast, ein Idealist, ein Chassidim, ein Ideengeschichtler, ein alles in allem erbaulicher Denker, der letzte große Nihilist, der Münzer des Zeitalters der Bürokratie. Er schaut sich um, besucht jene modernen Bethäuser, die man Universitätsbibliotheken nennt. Er liest einige Bücher und stellt fest, daß der Meister hier einen bedeutenden und ehrenvollen Platz einnimmt. Man braucht also nicht wie Rabbi Rafael von Belz in die Vorstadt gehen, am Sabbateingang und bei Einbruch der Nacht, um einen Unbekannten aufzusuchen, den betrunkenen und doppelt gottlosen Jizchak Leib, und dann - da die Wege des Herrn nun einmal dunkel sind - zu entdecken, daß dieser ein Heiliger ist. Nein, Ernst Bloch erfreut sich bester Verhältnisse, seine Bildung und Weisheit sind anerkannt, ein Doktor honoris causa. Das beunruhigte den Jüngling: "Neben diesem großen Philosophen also werde ich dort droben sitzen, ich kleine erdichtete Gestalt? Wahrhaftig, Gott, ich muß sagen, du hast kuriose Einfälle!" Die Fortsetzung der Geschichte ist, daß er nach diesen Worten vor dem Portal der Bibliothek ohnmächtig hinschlug.
Die folgenden Zeilen berichten die Gedanken des Ohn-

mächtigen. Es scheint, daß sie dem Vorsatz folgen:
"Das ist chassidisch, daß die Meister, von denen das
Leben abhängt, verborgen sind, vielleicht sogar
vor sich; sie wissen vielleicht, daß sie 'groß' sind,
aber sie fühlen es nicht."(1) Ihre Schlußfolgerung,
falls das eine ist, lautet jedoch, daß diese Art Ver-
borgenheit nicht dem Zaddik* oder seinem Gelobten
Herrn zukommt, sondern der heidnischen Macht der
Spannungen. Auf diese Weise entdeckte der Student,
daß der Doktor Bloch, dieser weise Nihilist höchsten
Grades, ein großer Narr⁺ ist, der bejaht. Vielleicht
war das der Grund, weshalb der Engel ihn neben ihn
setzen wollte. Wenigstens vermutete er dies, und zwar
auf Grund des folgenden Zusammenhangs.

Zuerst verfluchte er die Einheit des Subjekts und die
dialektische Zeitlichkeit, die ihm die Idee der Hoffnung einzurahmen und zu stützen schienen. Eine ganz
akademische Idee, sagte sich der junge Denker, bei
Hegel wäre sie gut aufgehoben. Hoffnung, die Bewegung, durch welche sich das Noch nicht⁺ in der
Gegenwart des Subjekts ankündigt, es öffnet, überschreitet und in der Antizipation des Künftigen erhält: eine durch und durch hegelsche Bewegung. Bloch
schreibt:"Letzthin ist stets das bedürftige Subjekt, indem es sich und seine Arbeit unangemessen objekti-
viert findet, der Treiber der geschichtlich auf-
tretenden Widersprüche."(2)⁺ Aber daran, daß der
Geist Trieb⁺ ist, würde Hegel sich nicht stören.
Die Quelle, die beiden gemeinsam ist, ist Jakob Böhme:"Das gründlichst Negative ist die Begierde, ein
Emotionales, Willenshaftes, das aber vorallem aus
Mangel kommt, die Begierde steht schlechthin auf
Nein, das Negative ist hier schreiender Mangel |
───────────────────────────────
*Der Gerechte, als heilig verehrter Lehrer im Chas-
sidismus(A.d.Ü.)
⁺Im Original deutsch

in der Begierde, das Willenshafte im rein begierigen Sinn, es ist, wie Böhme sagt, eben der Hunger."(3)

Uns Studenten im ausgehenden XX. Jahrhundert kommt diese Begierde* vor wie eine List der Vernunft, wie die letzte Falle, mit welcher der Geist die Geschichte, das Konkrete erbeuten will; uns scheint dieses vorgeblich Konkrete nur das zu sein, woran der Geist Mangel leidet und worum er sich sorgt, das Konkrete der Philosophen; diese Begierde, sie erinnert uns an jenes Schauspiel, wo sich der Geist als Fleisch verkleidet. Eine zaghafte Wiederaufnahme der hegelschen Dialektik also, deren unruhige Lektüre nicht nur möglich, sondern notwendig ist, nicht als Ergänzung zu einer ruhigen Lektüre, sondern innerhalb ihrer selbst. Hoffnung: das ist genau der Spielraum, der nötig ist, damit sich das System nicht schließt, die Spanne zwischen dem an sich/für uns und dem für sich. Aber für uns, die wir vom zu Ende gehenden XX. Jahrhundert kapitalisiert sind, ist diese kleine Leere kein Korrektiv, noch weniger eine Umstülpung des Systems, sondern ein seiner Nachlässigkeit innewohnendes Spiel. Wenn Bloch schreibt, daß die Unruhe, die Unzufriedenheit+ für das Triebhafte das ist, was die Hoffnung für das Wissen ist(4) - drückt dann nicht gerade der Parallelismus dieser beiden Ordnungen aus, wie sehr die erste nur die zweite kopiert? Hier macht sich der heimliche Groll unseres Pariser Schülers Luft. Allerdings fügt Bloch hinzu: die Unzufriedenheit+ ist Negativität, aber die Hoffnung+ Positivität. Dieser Hypothese folgt das Kind.

---

*Der Begriff désir wird hier und im folgenden je nach Stellung und Kontext sowohl mit 'Wunsch' als auch mit 'Begierde' oder 'Begehren' wiedergegeben. (A.d.Ü.)

Der Hoffnung freien Lauf lassen, indem man sie, jenseits der "Positivität des Negativen", in Richtung Affirmation gleiten läßt; sie als Bejahung dessen, was sich bejaht, begreifen; in diesem Wissen eine fröhliche Wissenschaft erblicken. Hoffnung wäre der Drang nach anderen Mächten[+], wobei Macht auch Potenz[+] ist: Räume in der 1.,2.,3.,4.,nten Potenz. Bejahende "Hoffnung" wäre der Anstoß, die Gestalten der "Dinge" so zu vermehren, daß die Dinge ebenso verschwänden wie ihre vereinheitlichende Erklärung.

Wichtig wird dann die qualitative Ausdehnung(extension), die Spannung(tension) in den "Zuständen", in denen sich die Dinge befinden. Eine Spannung, von der die Intention nichts ahnt. In der intentionalen Hoffnung, der des Geistes,"ist der Zielinhalt...als die Möglichkeit des Habens seiner repräsentiert".(5)[+]Aber in dieser Hoffnung wirkt insgeheim ein Spanner(tenseur)[*], und seine Wirkung verdankt sich keinem Haben und keiner Repräsentation, sondern ausschließlich einem Überschuß an Kräften. Ganz wie der Schreck[+] oder der Schrack[+],nach Jakob Böhme die vierte Quellkraft, ein tiefes nihilistisches Entsetzen, das aber zugleich Feuer ist "und ein Aufblitzen des Ja in sich" hat.(6)

Können wir uns vorstellen, daß eine triebhafte Hoffnung in der erbaulichen verborgen ist? Diese, die ganz auf dem zuviel beruht, erweist sich in ihrer Bescheidenheit(Jizchak Leib) und in ihrer Pracht (Ernst Bloch) als eine Wirkung der Armut, sie ist von einem zu wenig beseelt. Zwischen dem Ja[+] der ersten und dem Nicht oder Noch nicht[+]der zweiten spielt keine Dialektik, sondern manchmal eine Art unvorhersehbarer, anmutiger Retorsion.

*Ein Begriff, den Lyotard auch in "Economie libidinale"(Paris,1974) benutzt, um das Verhältnis zwischen Intensität und Libido zu bezeichnen.(A.d.Ü.)

Wie etwa im Fall des Rabbi Jechiel Michal Ztloczow, einem Meister der äußersten Armut:"Einst fragte ihn jemand: Rabbi, wie betet ihr nur jeden Tag: Gesegnet, der mir alles, dessen ich bedarf, gewährt? Es geht Euch doch alles ab, was ein Mensch braucht! Er antwortete: Sicherlich ist, wessen ich bedarf, eben die Armut, und sie wird mir ja gewährt."(7) Wo wir Mangel empfinden, sieht Jechiel Michal Überfluß; aber er ist nicht einmal Herr über ihn, nicht einmal Herr "seiner" Armut. Wie Hiob, der seine Rebellion nicht zu Ende führte - eine törichte Forderung -, sondern den innersten Grund seiner Verzweiflung, die seine Macht ist, erreichte.

In dieser aus höchsten Spannungen bestehenden Hoffnung könnte sich die bejahende Eifersucht, invidia, artikulieren. Gerade im Innern solcher Formen wie Besetzung, Eigentum, Besitzenwollen, in denen die Moral sie verurteilt, könnten wir eine libidinöse Eifersucht entdecken und schätzen, die vom Ich und seinen Identifizierungen unabhängig ist, die die Rechte und Gewaltsamkeiten der Aneignung, also auch Schuldgefühle nicht kennt; sie wäre einfacher Wille zur Macht, eine unwiderstehliche Überflutung von Zonen geringerer Intensität durch die Triebe. Diese affirmative Eifersucht wäre das Gegenstück zur Blochschen Hoffnung. Wie das Gebet des Zaddik aus Ztloczow besteht auch die Eifersucht des Herrn gegenüber Israel in einem Eingriff ohne Negativität: Jakob, der Schwächere, lockt den Stärkeren an und gerade darin liegt seine Chance, selbst der Stärkere zu werden. Der namenlose Mensch, der eine ganze Nacht hindurch mit Jakob kämpft, muß deshalb eine List anwenden, ihm auf die Schenkel klopfen, um mit ihm fertig zu werden. Und Jakob wird Israel genannt, mächtiger Streiter, weil er gegen die irdischen und himmlischen Mächte gekämpft hat und stark geblieben ist.(8) Hoffnung ist der Name der Empfindung des weniger Intensiven für das Intensivere, Eifersucht der Name der Gewalt, die dem Stärkeren vom Schwächeren angetan wird. Hoffnung: Israel spricht den Namen des Unaussprechlichen aus; Eifersucht: Gott gibt Jakob einen Beinamen(oder Luther,wenn er Münzer verflucht?).

Im Hinblick auf die Triebe wäre Hoffnung folgendes: ja, es passiert etwas, es ereignet sich etwas. Ereignis aber heißt, daß ein Verhältnis zwischen Kräften, das bei genauer Berechnung eine Resultante mit vorraussagbarer Richtung und Energie ergibt, trotzdem vereitelt werden kann, daß der Schwächste der Stärkste werden kann. Dies ist nach Bloch der "entlastete Mensch": "Nichts außer ihm selbst hemmt ihn, das Kind ist sündlos und nur fähig zu sündigen, man kann seinen Willen dazu wieder zurücknehmen. Nur wir haben die Dinge verquert, das aufgehäuft Böse darin ist machtlos, wenn wir ihm aufsagen." (9)

Hier erkennen wir die Retorsion wieder, eine in der libidinösen "Geschichte" überaus wichtige Figur. Daß Bloch sie als freien Willen (10) darstellt, ist der Preis für die Ausflüchte, die die Intensitäten und Leidenschaften machen müssen, um vom Philosophen anerkannt zu werden. Aber derselbe Doktor lädt uns ein, diese Verquerung nicht nur zu dechiffrieren, sondern erst recht zu chiffrieren, mit ihrer Dunkelheit zu belasten, wenn er in der Anekdote: "Fall ins Jetzt" (11) die Retorsion vorführt, den plötzlichen Übergang von der fiktiven Zukunft über das historische zum wirklichen Präsens: Ein Bettler, gefragt, was er wünsche, erzählt, daß er König sein wolle, aber als König ist er von seinen Feinden besiegt worden, mußte fliehen und wird in der Gegenwart Erzähler seiner inzwischen vergangenen Geschichte, von der er zunächst als Wunsch, also in der Zukunft sprach. - Was lehrt uns dieser Bettlerkönig? Nicht nur, daß Erzähler und Held der Geschichte identisch sind oder Wunsch und Wirklichkeit ein Kontinuum bilden, sondern vor allem, daß die Zeit, in der Wunsch strömt, sich fortwährend verkehrt: die königliche Vergangenheit stellt sich als ruhmvolle Zukunft dar und die glücklose Zukunft (dieser Vergangenheit) als unmittelbare Vergangenheit der gegenwärtigen Bettelei; man hat nach dem Thron getrachtet und erhofft sich jetzt ein Hemd.

Das Blochsche Noch nicht[+] entwischt also der dialektischen Mechanik; wenn es darauf hinweist, daß die Vergangenheit und die Gegenwart wie die Zukunft noch nicht sind, dann nicht, weil sie in einer musealen Akkumulation und Zuschreibung erst werden sollten, sondern weil sie überhaupt noch nicht vergangen, gegenwärtig oder zukünftig sind. Das Triebhafte ist das, was noch nicht aufgehoben[+] ist, was noch nicht vom Geschwätz der philosophischen Schleiereule aufgenommen, wiederholt und widerrufen ist, was noch nicht auf die Zeitachsen der vernünftigen Erzählungen verteilt ist (wo das Noch nicht[+] am Pol der Zukunft seine Heimat finden wird), was noch nicht als Bedeutung in der Zeit konstituiert ist. Also ein Noch,[+] das sich gerade nicht in das Zeitdiagramm von Bewußtsein und Geist einschreibt. Ein Noch, das nicht das Noch eines Augustinus oder Husserl ist. Eher das noch schon in der Anekdote vom Bettlerkönig: zwei Wörter und Zeiten, die sich gegenseitig ausschließen, aber in einem günstigen Augenblick vermischen.

Auch den Humor, sagt sich der Schüler in Sachen
Theoriefiktion, werden wir gerne auf die Seite der
Bejahung schaffen. Zu Beginn von "Thomas Münzer"
lesen wir: "Und die dieser Welt gebrauchen, daß sie
derselben nicht mißbrauchen. Denn das Wesen dieser
Welt vergeht." (12) Ein nihilistischer Satz und zugleich eine christliche Beschwörungsformel des Nihilismus: spricht da wieder der erbauliche Doktor, der
uns vom Leben abbringen will? Wie Paulus über die
Frauen spricht? Als die korinthische Gemeinde ihn
fragt: sollen wir uns Frauen nehmen oder nicht? gibt
er zur Antwort: ὁ καιρός sunestalménos estín, was soviel heißt wie: tempus breve est, die Zeit ist
kurz. Aber kairos ist weder chronos noch aion;
und Paulus gibt zu verstehen: der günstige Augenblick,
- derselbe kairos, worauf ein Gorgias die ganze
Wirksamkeit seines sophistischen Diskurses errichtet hat - der richtige, günstige Augenblick ist knapp,
beschränkt, selten, flüchtig. Macht also sparsamen
Gebrauch von den Energien, die das Fleisch fordert,
sagt Paulus, verschwendet keine Gefühle, spart "tò
loipón" im übrigen, überhaupt an allem, was außerhalb des kairos liegt; er allein darf eure Libido erregen. Also, alles in allem: "Die da Weiber haben, daß
sie seien, als hätten sie keine; und die da weinen,
als weinten sie nicht; und die sich freuen, als freuten sie sich nicht; und die da kaufen, als besäßen
sie es nicht; und die dieser Welt gebrauchen, daß
sie derselben nicht mißbrauchen." (13) Es gibt also
den kairos und es gibt den Rest, den Augenblick und
die übrige Zeit. Tun wir während der übrigen Zeit
als...ob nicht, ós mé, legen wir Energiereserven an. Und in seiner Proklamation an die Mansfeldischen Bundesbrüder erwähnt Münzer Matthäus 24,7 f.,
die Gleichnisse von den Jungfrauen und den Talenten:
"denn wer da hat, dem wird gegeben werden, und er
wird die Fülle haben; wer aber nicht hat, dem wird

auch, was er hat, genommen werden." Auch hier offensichtlich dasselbe Gebot: Öl- und Geldreserven anlegen für den richtigen Augenblick, für die Stunde, in der der Bräutigam, der Herr kommen wird.

Das ist nicht gerade humorvoll; im Gegenteil, das klingt nach Vorsicht und Kapitalbildung. Den Korintherbrief und die Gleichnisse könnte ich mir durchaus als Empfehlungen der Bank für die Anlage von Effekten und Zinsen vorstellen, sagt sich der Schüler. Das Prinzip, nach dem Rom den Ablaß zum Verkauf anbot...Genießen ohne zu genießen, kaufen ohne zu haben, gebrauchen ohne zu verbrauchen, ist das nicht die Definition des Kapitals als asketischer Praxis gegen den Nihilismus, als Fortsetzung des Christentums mit den Mitteln der politischen Ökonomie? Besteht nicht gerade darin seine Ironie? Eine Ironisierung dieser Welt vom Standpunkt einer anderen Welt aus; eine Ironisierung dieses Reichtums, der Schatzbildung, vom Standpunkt jenes anderen Reichtums aus, des Kapitals; eine Ironisierung der Zeit der bedeutungslosen Gegenwart, der Konsumtion, von der Omnitemporalität der bedeutungsvollen Abwesenheit aus, der Akkumulation? Im Kapital, ebenso wie im christlichen Leben kann es eine Romantik geben, die von dieser Ironie genährt wird.
Ist nicht die Ironie der *vanitas* noch Triebkraft der Münzerschen Bewegung, der Bewegung der Wiedertäufer und der, die die Feder eines Bloch in Unruhe versetzt? Entwertet die Hoffnung auf ein anderes Reich nicht das Diesseits? Vernichtet nicht die Hoffnung die Bestimmungen und Werte dieser niedrigen Welt, wenn sie eine andere anstrebt? Ist nicht die Arbeit selbst, wie jeder Wucher, wie jeder Verbrauch, lachhaft im Vergleich zu diesem unverwüstlichen Kapital, das man Hoffnung nennt?

Man kann Bloch so lesen, man kann Münzer so lesen - wie Tertullian, d.h. wie die Linksradikalen: wie Nihilisten, die sich auf einem sicheren Anderswo niedergelassen haben. Aber wir, "Revolutionäre" nach '68, sagt sich der ohnmächtige Schüler, ebenso wie Bloch, "Marxist" nach '56, wir können keine unbefangenen Apologeten sein, wir können nicht so tun, als ob uns das Geheimnis des richtigen Augenblicks anvertraut worden wäre und die Kraft des "Sprungs" in unserer Macht stünde. Was Bloch vor düsterer Ironie bewahrt, ist sein Humor, die Unmöglichkeit, in einem Anderswo Fuß zu fassen und es theoretisch und praktisch auszubeuten. Die Ironie des ós mé sagt: "was ist, ist, als ob es nicht ist". Die Hoffnung sagt: "was nicht ist, ist, als ob es ist". Aber der wahre Bruder der bejahenden Hoffnung ist der Humor, der jeden Versuch, sich auf die Ironie einzulassen, verurteilt, wenn er sagt: "In der Tat, gerade das, was nicht ist, ist, als ob es ist; insofern gibt es kein Nichts und keinen 'Rest', alles ist oder nichts ist, wie man sagt; es geht darum, daß, wenn sich etwas ereignen kann, wenn das Kräfteverhältnis umgekehrt werden kann - wie meine Schwester Hoffnung hofft -, trotzdem niemand weiß, wo und wann das passiert".

In der Hoffnung wird der Schwächere zum Stärkeren (wie in jener rhetorischen Figur, über die sich Aristoteles aufregte); im Humor bekennt sich der Schwächere, listig genug, nicht zuviel Stärke zu fordern, zu einer gewissen "Passivität" (im Gegensatz zur Ironie), überläßt sich den "Erstaunens-Werte(n)...diesen kleinen durchdringenden...Emblemen" (14), läßt sich von "irgend ein(em) Überschuß, durch nichts äußerlich begründet" (15), überraschen, gesteht seine Ohnmacht, den günstigen Augenblick zu bestimmen, den Augenblick, wo dieser Überschuß die Alltäglichkeit durchdringt, seine Ohnmacht gegenüber den Intensitäten. Aber dieses Geständnis - es bliebe nihilistisch, wenn es von Verbitterung begleitet wäre - ist ebenso bejahend wie die Hoffnung selbst und durch und durch triebhaft; denn das humorvolle Eingeständnis der Ohnmacht ist schon eine der Fallen - nennen wir sie **Trick der schwachen Kraft** -, die er den Mächten stellt und deren Spannung daher rührt, daß diese Mächte auf die Schwächen eifersüchtig sind.

Auf diese Weise zeigt der Humor seine Gleichgültigkeit gegenüber der Kapitalisierung, aber auch gegenüber der verschwenderischen Zusammensetzung der Energien; wichtig ist, ein **innerlicher Narr**$^+$ (16) zu sein, eine Art Ungläubiger, arm an Geist, nutzlos: ein Körper, der ein ausgezeichneter Leiter ist, wenn plötzlich Überschüsse auftreten. Das ist der Humor des Willens zur Macht: die Ohnmacht führt nur in der Zeit der Akkumulation zur Verzweiflung; in der Zeit der **kairoi** ist sie von einer unbekümmerten Heiterkeit begleitet, ganz im Gegensatz zur lutherischen Resignation (die ihr angesichts des **Umsonst**$^+$ alle Symbole der Verzweiflung anbietet): "Wer mit Kühnheit, Ungestüm und Ernst die Zeichen fordert, dem wird Gott sie nicht vorenthalten", sagt Münzer. (17) Und der Schüler, immer gewitzter geworden, sagt sich: keine Not, diese letzte Ungeduld mit der Geduld des Humors zu **versöhnen**.

Es gibt also eine Semiotik des alten Meisters, die unempfindlich für semantische Strukturen und Gruppierungen ist, eine Semiotik der Intensitäten, wenn man diese beiden Wörter überhaupt koppeln kann. (Sie ist eine Politik.) Sie ist ein einziges Spiel von Verstellungen: es erweist sich, daß die Spuren in den Zeichen gefangen sind, die Spanner im Intelligiblen, das Wollen in wiederholbaren Mechanismen, die "Chiffren" der Zukunft in den toten "Schematismen" der Vergangenheit (18); und doch sind die ersten von den zweiten unabhängig. Gerade im Glauben an das Paradox des "freien Gefangenen" kehrt Bloch der Freudschen Theorie den Rücken. (Es dürfte aber nicht allzu schwierig sein zu zeigen, sagt sich der schlaue Schüler, daß die analytische Praxis, insofern sie sich von einem "schwebendem Hören" leiten läßt, durchaus eine Semiotik der Kräfte stützen könnte.) Lassen wir das. Was sind die Spuren, wenn sie nicht Elemente eines diskursiven Systems sind, wenn ihre Struktur keine Bedeutung ergibt? Worin und wovon sind sie Spuren? Signalisiert nicht jede Spur eine Abwesenheit? usw. Wir modernen Schüler haben in diesem Spiel von Abwesenheit und Signifikanz eine große Meisterschaft erlangt, und ebenso im Glauben an den "Ernst" des Buchstabens.

Bereits in "Thomas Münzer", schon sehr früh also, hat Bloch das Problem umgedreht und fragt: wie können uns bedeutungsvolle Zeichen zum Wollen bringen? Wie kann das bloße Studium der Schriften die Hoffnung in uns wecken, die Bereitschaft für Intensitäten? Luther, das ist die Unterwerfung unter den Buchstaben. Luther glaubt an unfehlbare Kriterien: zunächst an die Schrift, denn sie ist offenbart worden; dann, wenn der Sinn der Schrift umstritten ist, an die Fähigkeit Wunder zu wirken, die bezeugt, daß Gott auf Seiten seines Interpreten ist. (19) Blochs Lutherhaß, ebenso wie der Münzers, richtet sich gegen den Despotismus des starren, toten Zeichens. Das ist eine andere Seite der humorvollen heiligen Wut, die lachend für das Unentscheidbare kämpft. "Das Gotteswort ist unser Zeugnis!" ruft Luther den Zwickauer Propheten zu, die er im März 1520 in Wittenberg empfängt, "Und Euer Zeugnis? Zeigt es doch!" Darauf Stubner: "Wart ein bißchen, Bruder Martin, wir werden der Welt schon unser Zeichen zeigen!" Ein

Verweis auf die Zukunft also, auf das Noch nicht, das bereits eine gewisse Nachlässigkeit gegenüber die Frage des "Zeugnisses" voraussetzt, der Frage des Rederechts, der unverschämten Frage "in wessen Namen handelt ihr?". Das sogenannte prophetische Zeichen ist ein Spanner, es kann natürlich nicht Buchstabe sein. "Das göttliche Wort kann in keiner Versicherung und keinem Satz aus vergangenen Jahrhunderten eingeschlossen sein, die Offenbarung dauert noch an und ist noch nicht vollendet", sagen die Propheten aus Zwickau. Und Thomas Münzer: "Die Stimme des heiligen Geistes ist in mir wie das grausame Brausen vieler Wasserströme. Ich weiß mehr als wenn ich hunderttausend Bibeln gefressen hätte!"[+] (20) Ein unersättlicher Hunger auf Intensitäten, wie bei Nietzsche oder Rabelais; ein Schwindel, hunderttausend Bibeln verschlungen zu haben; ein Lachen der unzählbaren kairoi.

Der Buchstabe kündigt eine Geschichte an, eine Diachronie, in der die Erzählung von der Fleischwerdung und - welch brave Komplementarität! - von der Erlösung des Fleisches erzählt wird. Der Prophetismus, mit seinem Humor, seiner Hoffnung und seiner Wut, beschreibt nicht diese Entfaltung des schon in einem vorhersehbaren noch nicht. Während der Augustinismus - auch in seiner "säkularisierten" Form (21) - die Zeichen kapitalisiert, werden sie vom Prophetismus verschoben, erschüttert, herbeigerufen und wieder zurückgewiesen. Münzer: "Ich scheiße in Gott, wenn er mir nicht zu willen sein will wie Abraham und den Propheten!" (22) Ich scheiße auf die Zeichen, wenn es in ihnen keine Spuren gibt. Ich scheiße auf die Schriften, wenn sie uns nicht Anlaß geben, die Macht zu wollen.

Den Sinn den Gemütszuständen eines Individuums unterzuordnen, ist das eine teuflische, eine paranoische Anmaßung? Um diesen Aufwand hinwegzufegen, schrieb der gelehrte Professor in "Thomas Münzer" einige Seiten, die zu den verrücktesten und ungeheuerlichsten gehören, die je über die politische Organisation und Erforschung des Körpers der Geschichte geschrieben worden sind: Seiten, wo er der Kirche der Zeichen die Sekten der Spuren entgegensetzt. (23) Die Kirche besteht nur aus vielem Ich, deswegen sind ihre Lehren ein einziger Synkretismus; ihre Einheit entsteht um den despotischen Hort des göttlichen Worts. Die Sekten dagegen sind transindividuell, sie existieren nur als flüchtiger Knoten, den der Wille mit sich selbst knüpft; die Namen, mit denen sie bezeichnet werden, angefangen mit dem Thomas Münzers, sind nicht die ihrer Führer, sondern kollektive Eigennamen, die sie sich selbst geben oder ihnen gegeben werden. Ihre Einheit entsteht weder durch ein Zentrum noch durch ein Gesetz, sie ergibt sich aus dem einfachen Zusammenfallen der Triebe, die die Körper aufpeitschen und in eine prekäre anonyme Brüderschaft verwandeln. Die Sekte konstituiert kein Subjekt einer linearen Geschichte, sondern einen Namenlosen in einer "Geschichte" der günstigen Augenblicke. Was die Zeichen Spuren werden und auf Gott pfeifen läßt (wie damals in Münster), ist nicht der Größenwahnsinn eines Einzelnen, sondern die Gewalt des Begehrens, der sich die Körper einen Augenblick lang überlassen und die sie zu Brüdern macht.

Jetzt war Ernst Bloch dran, sich über diesen jungen Schüler zu wundern, der Theoriefiktion trieb und ihm als Nachbar fürs ewige Leben aufgedrängt wurde. Daß er sich in einem Atemzug als Marxist und Sektierer bezeichnete, schien alle seine Zeitgenossen zu verärgern, die Klerikalmarxisten, die die Sekten

nicht ausstehen können, wie man in Europa noch 1968 sah, die Sektierer, die die Kommunistenkirche verfluchen, ganz zu schweigen von den Liberalen, denen vor beiden graut. Welcher französische Schüler, der zwangsläufig einem oder mehreren von diesen Lagern angehört, wird dieses Amalgam ertragen können, fragte sich der alte Zaddik. Ist es womöglich die Hölle der Beschuldigungen, zu der mich eine solche Nachbarschaft verdammt?
- Verliert nicht die Hoffnung, sagt ihm der Student, der in seiner Ohnmacht allmählich den Plan des Engels begriff. Euch blieb Eure Weisheit verborgen, hinter Äußerlichkeiten, die Philosophen, Theologen, Moralisten und Politikern der Dekadenz immer noch Anlaß zur Erbauung oder zu ihrem Nihilismus geben. Jetzt glaube ich aber zu wissen, daß hinter diesem schätzenswerten Blendwerk, und trotz ihm, in Eurem Werk eine unschätzbare Kraft wirkt. Man hat mich neben Euch gesetzt, um von ihr zu berichten und gemeinsam mit Euch die D e k a d e n z u m z u k e h r e n. Denn Euer Marxismus, was ist das? O m n i a s i n t c o m m u n i a, was für mich soviel bedeutet wie: hören wir auf, uns um das Eigene zu kümmern, das Göttliche ist nichts als jene große Haut, die anonyme Intensitäten leitet. Sehr gut, dafür haben wir gekämpft und kämpfen wir, Schüler der Theoriefiktion. Und Euer Sektierertum? N e p a r t i a t u r v i s, was soviel heißt wie: die Stärke ist eifersüchtig, so daß die energetische Kommune nur eine Minderheit sein kann.
In einem Abschnitt Eures "Münzer" unterläuft Euch, unter dem Vorwand, die Niederlage von Mühlhausen mit der Unreife der Bauern 1525 zu erklären (die einzige Stelle, o weh, wo Ihr Engels folgt), eine schreckliche Bemerkung: "Die Bauern verlangten Bodenaufteilung...gesucht war ein rein kleinbäuerlich aufge-

bautes Reich ohne Adel und Fürsten" (24). Hier nehmt Ihr fünfzig Jahre von Erfahrungen der Arbeiterbewegung vorweg: denn man könnte glauben, diese sei deshalb zerschlagen oder "lutheranisiert" worden, weil, wie man gerne sagt, die objektiven oder subjektiven - wie man will - Bedingungen noch nicht reif genug waren. Aber heute kommt uns der Verdacht, daß "sie" den Mitbesitz von Sicherheiten angestrebt haben und anstreben, daß "sie" ein Reich von Sozialversicherten ohne Vorarbeiter und Unternehmer wollten und wollen. Es gibt keine Unreife, denn die Geschichte besteht nicht darin, daß etwas - die Menschen, die Produktivkräfte...- erwachsen wird. Aber immer und überall gibt es das REICH als Alternative zur Sekte, eine Alternative, die auf allen Körpern - auch auf den proletarischen - gegenwärtig ist. Das Reich ist die Entspannung der Hoffnung und die Tyrannei des Buchstabens. Weshalb ich mich neben Euch niederlasse? Damit wir zusammen die entsetzliche Frage hören, die der gesunde Menschenverstand heutzutage stellt: wozu die Sekte, wenn alles vergesellschaftet ist? Aber wenn die Sekte notwendig ist, wie soll dann alles vergesellschaftet werden? Und in der Tat: ein kommunistisches Komplott, ist das nicht ein Monstrum? Ebenso wie eine Politik der Intensitäten?

Das ist die Frage, um die es uns, aber auch Euch geht: die Frage des Heidentums. Ihr helft uns sehen, was immer Ihr auch davon denken mögt, daß in den großen und kleinen Spasmen, die die Spuren sind, ein anderer Raum, eine andere Logik, eine andere Geschichte auf dem Spiel stehen, andere als die, in welche Platonismus und Judentum mit vereinten Kräften immer noch versuchen, unter dem Gewand des Jakobinertums, des Leninismus, Trotzkismus, Maoismus oder Liberalismus, diese Spasmen einzusperren und zu neutralisieren. Wenn Ihr diese letzteren Apokalyptiker, Chiliasten und Propheten nennt, dann macht Ihr der Philosophie, d.h. dem Reich noch zuviele Zugeständnisse. Es genügt nicht, zu sagen, daß der Opportunismus eines Clemens von Alexandrien oder die Unterwürfigkeit eines Eusebius von Caesarea durch die Unnachgiebigkeit des späten Tertullian schon im voraus kritisiert werden, ebenso wie die terroristische Verzweiflung Luthers durch die prophetische Gewalt Münzers. Denn die Kritik ist ein Teil der Religion und des Reiches. Die Kirche, die Partei wünschen geradezu, daß man sie kritisiert: Kritik ist nicht nur ein bloßes Zugeständnis, sie ist das negative Moment in ihrer Hermeneutik und Pädagogik, die das Gewebe dessen bilden, was sie Geschichte nennen. Es hat sich gezeigt, daß Bloch, der Prophet, von der stalinistischen Kirche nicht ertragen werden konnte; aber in einer anderen Zeit (der Moses') oder an einem anderen Ort (in der ialienischen K.P.) hätte ihn eine Kirche - auch eine marxistische - aufgenommen. Es kommt also darauf an, die Wirksamkeit Blochs, wie die Münzers, nicht nur in seinem Verhältnis zu einem Zentrum, und sei's antagonistisch, zu lokalisieren. Sie geht ebensosehr von unabhängigen und völlig positiven Spuren aus.

Logik und Raum-Zeit dieser Spuren entwischen den Kategorien des Zentrums; sie sind heidnisch: sie gehören zur Theologie des Theaters*, zum Polytheismus, zum Sensualismus, zur Sophistik des kairos, zu einer virtù ohne Richter. Und welches Gespür Ihr dafür habt! Ihr steigt von Münzer auf zum Heidentum

---
* Lyotard spielt hier auf die mythische und fabulöse "Theologie" der griechischen und römischen Antike an, eine Theologie der Trugbilder und Täuschungen, die die Sitten parodiert und pervertiert, deren Ort die Volkstümlichkeit, das Theater ist. (A.d.Ü.)

des Tauchelm und hinab zum Heidentum des Johannes von Leyden in Münster (25), Ihr schiebt über Augustinus' Bildnis das des Protagoras und entwerft so das Roboterportrait des "einsamen Geistigen" (26) und erst recht betont Ihr a contrario, wie nahe das Heidentum dem münzerschen (und erlaubt mir hinzuzufügen: dem blochschen) Abenteuer steht, wenn Ihr nicht weniger als drei Kriterien herbeizitieren müßt, um die Schwärmerei der Wiedertäufer von dem zu trennen, die was Ihr die Stirn habt, die "falsche Begeisterung" des Dionysischen (27) zu nennen. Ich wiederhole: heute ist uns die prophetische Begeisterung suspekt geworden; heute wissen wir, daß alle Frömmigkeit, wenigstens von der Art der jüdisch-christlichen, mit einer Kirche schwanger geht. Heute gestehen wir Münzer zu, nicht unser Hoffnungskapital bereichert zu haben, sondern der Name einer einzigartigen Spur zu sein, der wir, wie Ihr auch, gerne folgen. Nur in der Raum-Zeit und der Logik der Spuren kann die Dekadenz gegen sich selbst gekehrt werden.

Kaum war dieser Schluß erklungen, da kam das ohnmächtige Kind wieder zu sich. Und jeder dachte, daß er gut daran täte, Bloch zu lesen.

Anmerkungen

(1) "Spuren", Frankfurt 1959, S.159 (Bibliothek Suhrkamp 54)
(2) "Subjekt-Objekt, Erläuterungen zu Hegel", Frankfurt 1972, S.512 (Suhrkamp Taschenbuch 12)
(3) "Vorlesungen zur Philosophie der Renaissance", Frankfurt 1972, S.77 (Suhrkamp Taschenbuch 75)
(4) "Subjekt-Objekt", a.a.O. S.515
(5) "Subjekt-Objekt", a.a.O. S.515
(6) "Vorlesungen zur Philosophie der Renaissance", a.a.O. S.80
(7) Martin Buber, "Die Erzählungen der Chassidim", Zürich 1949, S.243
(8) Genesis 32,25
(9) "Thomas Münzer", Frankfurt 1959, S.128 (Bibliothek Suhrkamp 77)(vom Verfasser hervorgehoben)
(10) "Thomas Münzer", a.a.O. 195ff.
(11) "Spuren", a.a.O. S.122
(12) "Thomas Münzer", a.a.O. S.6
(13) 1.Kor. 7,29-31
(14) "Geist der Utopie", 2.Fassung, Frankfurt 1974, S.244 (Suhrkamp Taschenbuch Wissenschaft 34)
(15) "Geist der Utopie", a.a.O., S.244
(16) "Thomas Münzer", a.a.O.
(17) "Thomas Münzer", a.a.O., S.225
(18) "Geist der Utopie", a.a.O., S.240
(19) "Thomas Münzer", a.a.O., S.42 (In seiner Rede an den Rat von Mühlhausen - ihr Zweck war, den Rat zur Ausweisung Münzers zu veranlassen - meint Luther: 'Wenn er (Münzer) denn sagt, Gott und sein Geist habe ihn gesandt, wie die Apostel, so laßt ihn dasselbe beweisen mit Zeichen und Wundern, aber wehrt ihm das Pre-

digen, denn wo Gott die ordentliche Weise will ändern, so tut er allzuwege Wunderzeichen dabei'. Zusatz des Übersetzers)

(20) zitiert nach H. Strohl, "Martin Luther", S. 259, 269, 279; dieser wiederum zitiert nach Dimitri Merejkowsky, "Luther", Paris 1949, S. 178f

(21) "Thomas Münzer", a.a.O., S.14 (Im Zusammenhang heißt es: Geschichte, "...als unverlorene Funktion in ihrer Revolution und Apokalypse bezogenen Zeugenfülle..., ist keineswegs, wie bei Spengler, zerfallene Bilderfolge, keineswegs auch, wie säkularisierten Augustinismus, ein festes Epos des Fortschritts und der heilsökonomischen Vorsehung, sondern harte, gefährdete Fahrt, ein Leiden, Wandern, Irren, Suchen nach der verborgenen Heimat..." Zusatz d. Übers.)

(22) "Thomas Münzer", a.a.O., S.227 . Diesen Ausspruch Münzers berichtet Melanchthon "mit spießigem Entsetzen", schreibt Bloch.

(23) "Thomas Münzer", a.a.O., S.200ff., vgl. das Kapitel "Die Sekte und der ketzerische Radikalismus" (im Zusammenhang heißt es: "Die Kirche dagegen ist geschmeidig, trägt abwechselnd, in der Breite, als arbeitsteilige Organisation ihre weitschichtige Lehre, ihren Synkretismus, alttestamentlich, neutestamentlich,, römisch, griechisch, gnostisch, scholastisch zugleich belastet, wie ihn kein einziges Subjekt für sich zu erfassen oder gar moralisch-religiös zu verwirklichen möchte, in all seiner polytheistischen Vielstimmigkeit, übereinandergeschichteten Heterogeneität." Zus. d. Übers.)

(24) "Thomas Münzer", a.a.O., S.112
(25) "Thomas Münzer", a.a.O., S.102f.
(26) "Thomas Münzer", a.a.O., S.201f.
(27) "Thomas Münzer", a.a.O., S.230 (Im Zusammenhang heißt es: "Aber freilich, es gab auch die

Schwärmer des Tausendjährigen Reiches als einer Paradiesesunschuld schlechthin, im Geschlecht geistig, im Geist geschlechtlich, bis in die Lenden ihres Gottes voll, und diese waren dem mystischen Revolutionär ein gefährliches Gefolge. Denn die falsche Begeisterung, wie sie sich damals einmischte, hatte sich von jeher fast nur dionysisch gelöst und nicht in Christus, auch wenn sie sich nach ihm benannte..." Zusatz d. Übers.)

Quellennachweis:

"Petite mise en perspective de la décadence et de
  quelques combats minoritaires à y mener", in:
  Châtelet/Derrida/Foucault/Lyotard/Serres, Politiques de la philosophie, Paris B. Grasset 1976
"Un enjeu des luttes des femmes",
  italienisch in: Annuario 1975 - Eventi del 1976,
  La Biennale di Venezia, Archivo Storico delle ar-
  ti contemporanee (hier nach dem frz. Manuskript)
"Sur la force des faibles"
  in: L'Arc, Nr. 64 (Lyotard), 1. Trimester 1976
"Puissance des traces, ou Contribution de Ernst
  Bloch à une histoire païenne",
  in: Mélanges Ernst Bloch, Paris Ed. Payot 1976

Buchveröffentlichungen von Lyotard

1954 La phénoménologie, PUF
1971 Discours, figure, Klincksieck
1973 Dérive à partir de Marx et Freud, UGE(10/18)
1973 Des dispositifs pulsionnels, UGE(10/18)
1974 Economie libidinale, Ed. de Minuit
1977 Les TRANSformateurs DUchamp, Ed. Galilee
1977 Instructions païennes, Ed. Galilée (ersch. demn.)

Über J.-F. Lyotard

L'Arc, Nr. 64, 1. Trimester 1976 (dort auch vollstän-
  dige Bibliographie der Primär- und Sekundärliteratur)

51 Turiner Kollektiv, Stadtteilarbeit
53 A. Hegedüs/M. Vajda/A. Heller, Die Neue Linke in Ungarn. Band 2
54 Rancière, Wider den akademischen Marxismus
55 Lonzi, Die Lust Frau zu sein
56 Lévy-Leblond, Elend der Physik/Produktionsweise der Naturwissenschaften
57 Weick (hrsg.), Arbeit und Lernen. Beiträge zum Modell des italien. Bildungsurlaubs
58 Althusser, Freud und Lacan
   Tort, Die Psychoanalyse im historischen Materialismus
59 Deleuze/Guattari/Jervis u.a., Antipsychiatrie und Wunschökonomie
60 Poulantzas, Miliband, Laclau, Kontroverse über den kapitalistischen Staat
61 Foucault, Mikrophysik der Macht. Über Strafjustiz, Psychiatrie und Medizin
62 Irigaray, Waren, Körper, Sprache. Der ver-rückte Diskurs der Frauen
63 GRIF, Essen vom Baum der Erkenntnis. Weibliche Praxis gegen Kultur
64 Negri, Staat in der Krise
65 Lowien, Weibliche Produktivkraft - gibt es eine andere Ökonomie?
66 Irigaray, Unbewusstes, Frauen, Psychoanalyse
67 Deleuze/Guattari, Rhizom
68 Deleuze/Foucault, Der Faden ist gerissen
69 J.-F. Lyotard, Für eine herrenlose Politik
70 F. Guattari, Mikro-Politik des Wunsches
71 H. Cixous, Die unendliche Zirkulation des Begehrens. Weiblichkeit in der Schrift